CORNELIA SCHINHARL

CROSTINI & CO

Tramezzini, Panini, Bruschetta ...

FOTOGRAFIE: HEINZ-JOSEF BECKERS

Inhalt

Oben auf – Crostini und Bruschette	6
Grundrezept Weißbrot	7
Bruschette al pomodoro	8
Bruschette agli asparagi	8
Bruschette vegetariane	10
Bruschette agli zucchini marinati	10
Bruschette alla rucola con caprino	13
Crostini alla crema di olive	13
Bruschette con pancetta	15
Crostini con crema di lenticchie	15
Crostini con fegatini e limone	17
Bruschette alla mozzarella marinata	17
Crostini con mousse di coniglio	18
Crostini con crema di avocado	18
Crostini al tonno fresco	21
Bruschette alle acciughe marinate	21
Crostini agli sgombri	23
Bruschette agli scampi piccanti	23

Dazwischen – Tramezzini	26
Grundrezept Sandwichbrot	27
Tramezzini al pesto di pomodori	28
Tramezzini alla ricotta	28
Tramezzini con frittata	31
Grundrezepte Mayonnaisen	31
Tramezzini alla crema di parmigiano	32
Tramezzini con crema di formaggio	32
Tramezzini al tonno	35
Tramezzini agli scampi	35
Tramezzini al pesce spada	36
Tramezzini con uova e cetriolo	36
Tramezzini all'arrosto	38
Tramezzini al salame con basilico	38
Tramezzini alle cipolle grigliate	40
Tramezzini alla crema di prosciutto	40

Gut verpackt – Panini	44
Grundrezept Panini	45
Panini rustici	47
Panini con salame e finocchio	47
Panini alle melanzane	48
Panini con prosciutto e pera	48
Pan bagnat	51
Panini alla milanese	51
Panini alle uova con salsa verde	52
Panini ai pomodori grigliati con tonno	52
Panini con pollo ed arancia	54
Panini al formaggio fresco	54
Panini festivi	57
Panini con verdure e prosciutto crudo	57
Panini con polpettine di pesce	59
Panini vegetariani	59

Ganz heiß – Überbackene Brote	62
Sandwichparty	63
Crostini gratinati con cipolle e speck	65
Bruschette gratinate	65
Crostini al carne cruda	66
Bruschette calde alle acciughe	66
Crostini con cipolle	69
Crostini ai funghi porcini	69
Toast con mortadella e mozzarella	71
Toast con rucola e formaggi	71
Toast agli asparagi con provolone	73
Toast al formaggio	73
Panini con funghi e spinaci	74
Panini con ripieno di salsicce	74
Crostini piccanti al forno	76
Panini ripieni	76
Register	78
Impressum	79

Oben auf

Crostini und Bruschette

Die gerösteten, herzhaft belegten Brote passen ausgezeichnet zum Aperitif und stimmen auf das Menü ein. Aber sie können auch Mittelpunkt des Abends zum Glas Wein sein.

Vom Pane zur Fettunta

In allen italienischen Regionen, die olivenölbetont kochen, ist es Sitte, Brot zu rösten und das frisch gepreßte Öl damit zu kosten, mit und ohne Knoblauch. Die meisten Rezepte für Crostini und Bruschette stammen aus der Toskana. Dort wird das Brot traditionell ohne Salz hergestellt. Was zuerst einer Not entsprang – Salz war wie alle anderen »Gewürze« ein Luxusgut –, ist heute fast zum Markenzeichen geworden. Das Brot ohne Salz ist länger haltbar, und da es im Geschmack nicht zu sehr hervortritt, dient es nur als Beilage oder »Unterlage« und läßt den oft herzhaften Belag richtig gut zur Geltung kommen.

Die Grundlagen
Das Brot

Wer ein italienisches Feinkostgeschäft in der Nähe hat, bekommt das ungesalzene Brot aus der Toskana dort bestimmt. Sie können auch fast jedes andere Weißbrot nehmen, am besten passen jedoch die italienischen (besonders fein auch das Pane pugliese) oder französischen Brote. Wichtig ist, daß das Brot nicht zu locker gebacken ist oder gar große Löcher hat, denn dann fällt der meist feine Belag hindurch.

Ganz frisch muß das Brot nicht sein. Für fast alle Varianten wird das Brot geröstet: Größere Mengen nebeneinander auf das Backblech legen und in den 250° (Umluft 230°) heißen Ofen schieben. Nach 4 – 5 Min. sind die Brote heiß und leicht gebräunt. Am besten wenden Sie sie dabei nach etwa 3 Min. – mit einem Tuch, denn sie sind schon nach kurzer Zeit heiß. Und: Beobachten Sie die Brote während des Röstens, denn sie werden schnell zu braun. Kleinere Mengen lassen sich auch im Toaster rösten.

Das Olivenöl

Ein gutes Olivenöl ist bei der Zubereitung von Bruschette unentbehrlich. Kaufen Sie nur Öl aus erster Pressung, »extra vergine« oder »nativ« muß auf dem Etikett stehen. Junges trübes Öl wurde nicht gefiltert und ist würziger als klares. Mit der Zeit wird jedoch jedes Öl klar. Am besten probieren Sie verschiedene Sorten durch – jede Region bringt ein etwas anderes Öl hervor.

Für viele Anlässe

Serviert man die knusprigen Brote zum Aperitif oder als kleine Vorspeise, rechnet man pro Person 2 – 3 Stück. Stehen die Brote im Mittelpunkt des Geschehens, können Sie die doppelte bis dreifache Menge einplanen. Am besten suchen Sie sich dann solche Rezepte aus, bei denen sich der Belag vorbereiten läßt (alle mit Marinierzeit) und Sie vor dem Servieren nur noch die Brote rösten.

Knusperbrote, rezeptfrei:

• **Fettunta aus der Toskana**
Geröstete Brote eventuell mit einer geschälten Knoblauchzehe einreiben und mit dem würzigen frisch gepreßten Öl beträufeln.

• Ebenfalls beliebt: **Gemüsebrote**
Nach dem Einreiben mit Knoblauch gekochtes Gemüse (am besten den toskanischen Kohl »Cavolo nero«; ersatzweise Mangold, zarten Wirsing oder Weißkohl) auf den Broten verteilen und dann das Öl darüber träufeln.

• Weitere schnell gezauberte Beläge:
getrocknete, in Öl eingelegte Tomaten,
gehackte Kräuter und Öl (eventuell mit etwas zerkleinertem Chillic),
Öl und feine Trüffelscheiben,
Öl und kleine Pecorinowürfel

Crostini oder Bruschette?

Was macht nun den Unterschied zwischen den beiden aus? Ist es die Größe der Brotscheiben oder vielmehr die Art des Brotes? Weder noch, der Unterschied liegt im Belag. Alles, was sich Bruschetta nennt, wird mit Olivenöl beträufelt oder hat einen Belag mit Öl. Crostini (die manchmal auch Crostoni heißen, dann sind sie einfach größer) hingegen werden mit Cremes bestrichen, mit Butter und Kaviar belegt oder vieles mehr. Das Brot ist in beiden Fällen gleich. Allerdings nimmt man den Unterschied selbst in Italien oftmals nicht so genau.

Grundrezept Weißbrot

30 g frische Hefe zerkrümeln und in 200 ml lauwarmem Wasser auflösen. Die angerührte Hefe 20 Min. stehenlassen, dann mit 350 g Mehl zu einem relativ weichen Teig verkneten. In einer Schüssel an einem warmen Ort zugedeckt etwa 1 Std. gehen lassen, bis der Teig schön aufgegangen ist. Dann nochmals durchkneten und zu einem runden oder ovalen Laib formen. Auf ein gefettetes, mit Mehl bestäubtes Backblech legen und zugedeckt nochmals 20 Min. gehen lassen. Inzwischen den Backofen auf 200° (Umluft 180°) vorheizen. Den Brotlaib mit Wasser bepinseln und mit Mehl bestäuben. Dann im heißen Ofen (Mitte) etwa 30 Min. backen, bis das Brot schön aufgegangen und goldbraun ist.
Eine noch feinere Krume bekommt das Brot, wenn Sie den Teig nicht an einem warmen Ort, sondern über Nacht im Kühlschrank gehen lassen.

Bruschette al pomodoro

mit Tomaten (im Bild)

Zutaten für 8 Stück
4 Tomaten • 1 kleines Bund Basilikum • 3–4 Eßl. kaltgepreßtes Olivenöl • Salz • schwarzer Pfeffer • 4 große Scheiben Weißbrot • 2–3 Knoblauchzehen

Zeit: etwa 15 Min.
110 kcal pro Stück

Die Tomaten waschen, abtrocknen und klein würfeln, dabei die Stielansätze herausschneiden. Die Basilikumblättchen abzupfen, mit Küchenpapier abreiben und in feine Streifen schneiden.

Tomaten, Basilikum und Öl mischen und mit Salz und Pfeffer würzen.

Die Brotscheiben einmal durchschneiden und im Toaster oder im Backofen bei 250° (Umluft 230°) in 4–5 Min. knusprig rösten.

Den Knoblauch schälen, die Brotscheiben damit einreiben. Die Tomaten darauf verteilen und die Bruschette heiß servieren.

Varianten
Kapern unter die Tomaten mischen oder etwas zerbröselte Chilischote oder auch Olivenstreifen. Ebenfalls köstlich sind fein zerkleinerte Anchovis. Noch würziger: Olivenpaste auf die Brote streichen, bevor die Tomatenmischung darauf kommt.

Bruschette agli asparagi

mit Spargel

Zutaten für 10–12 Stück
200 g weißer Spargel • Salz • 1 Prise Zucker • etwa 100 g Gurke • $1/2$ Bund Basilikum • 1 Eßl. Kapern • 2–3 Eßl. kaltgepreßtes Olivenöl • schwarzer Pfeffer • 10–12 kleine Scheiben Weiß- oder Mischbrot

Zeit: etwa 40 Min.
Bei 12 Stück 60 kcal pro Stück

Den Spargel waschen und von den holzigen Enden befreien. Die Stangen von oben nach unten gründlich schälen. In einem weiten Topf (die Stangen müssen darin liegen können) reichlich Wasser mit Salz und Zucker zum Kochen bringen. Spargel hineingeben und bei starker bis mittlerer Hitze halb zugedeckt in 12–15 Min. bißfest garen.

Die Stangen herausheben, abtropfen und abkühlen lassen. Die Gurke gründlich waschen und in kleine Würfel schneiden. Den Spargel in etwa $1/2$ cm dicke Scheiben schneiden. Basilikumblättchen abzupfen, mit Küchenpapier abreiben und in feine Streifen schneiden. Kapern abtropfen lassen und grob hacken.

Spargel mit Gurke, Basilikum, Kapern und Öl mischen und mit Salz und Pfeffer abschmecken.

Die Brotscheiben im Toaster oder im Backofen bei 250° (Umluft 230°) in 4–5 Min. knusprig werden lassen. Spargelmischung darauf verteilen und die Crostini rasch servieren.

Bruschette vegetariane

mit Sommergemüse

Zutaten für 8 Stück
1 gelbe Paprikaschote • 150 g grüner Spargel • 3 Eßl.
Olivenöl • 100 g Kirschtomaten • 2–3 getrocknete
Tomaten in Öl • $^1/_2$ Bund Petersilie • 2 Teel. Kapern •
2 Teel. Aceto Balsamico • Salz • schwarzer Pfeffer •
4 große Scheiben Weißbrot (z. B. Toskanabrot) •
1 Knoblauchzehe • etwas Olivenöl zum Beträufeln

Zeit: etwa 25 Min.
115 kcal pro Stück

Die Paprikaschote waschen, halbieren, putzen und in
kleine Würfel schneiden. Den Spargel waschen und von
den holzigen Enden befreien, dann in etwa 2 cm lange
Stücke schneiden.

Das Olivenöl in einer Pfanne erhitzen. Das Gemüse darin
unter Rühren bei mittlerer bis starker Hitze etwa 6 Min.
braten, bis es bißfest ist. In eine Schüssel füllen.

Die Kirschtomaten waschen und vierteln, die getrockneten Tomaten in Streifen schneiden. Die Petersilie waschen, die Blättchen fein hacken. Diese Zutaten mit den
Kapern unter das gegarte Gemüse mischen, mit Aceto
Balsamico, Salz und Pfeffer abschmecken.

Die Brote im Toaster oder im Backofen bei 250° (Umluft
230°) in 4–5 Min. goldbraun rösten. Den Knoblauch
schälen, die Brote damit einreiben, mit dem Gemüse
belegen und mit etwas Öl beträufeln. Rasch servieren.

Bruschette agli zucchini marinati

mit marinierten Zucchini und Pecorino (im Bild)

Zutaten für 12 Stück
1 junger Zucchino (etwa 150 g) • etwa 3 Eßl. kaltgepreßtes Olivenöl • 1 kleines Bund Petersilie • 1 Knoblauchzehe • 2 Eßl. Zitronensaft • Salz • schwarzer
Pfeffer • 1 Eßl. Pinienkerne • 100 g mittelalter Pecorino •
12 dünne Scheiben Weißbrot

Zeit: etwa 25 Min. (+ 2 Std. Marinierzeit)
110 kcal pro Stück

Den Zucchino waschen und von den Enden befreien,
dann in Würfel von knapp 1 cm Größe schneiden. In einer
Pfanne 1 Eßl. Olivenöl erhitzen, die Zucchiniwürfel darin
bei mittlerer Hitze in etwa 5 Min. rundherum leicht
braun braten.

Inzwischen die Petersilie waschen, die Blättchen sehr
fein hacken. Knoblauch schälen und durchpressen.
Petersilie, Knoblauch, restliches Olivenöl und Zitronensaft verrühren. Gebratene Zucchini untermischen und
mit Salz und Pfeffer würzen. Etwa 2 Std. zugedeckt
ziehen lassen.

Die Pinienkerne in einer trockenen Pfanne unter Rühren
bei mittlerer Hitze goldgelb rösten, beiseite stellen.
Den Pecorino von der Rinde befreien und zerkrümeln.

Die Brotscheiben im Toaster oder im Backofen bei 250°
(Umluft 230°) in 4–5 Min. goldbraun rösten. Zucchini,
Pecorino und Pinienkerne darauf verteilen, die Crostini
rasch servieren.

Bruschette alla rucola con caprino

mit Rucola und Ziegenkäse

Zutaten für 8 Stück
1 Bund Rucola • $^1/_2$ Eßl. Zitronensaft • Salz • Pfeffer •
2 Eßl. kaltgepreßtes Olivenöl • 2 kleine Ziegenkäse
(z. B. Crottin) • 8 Kirschtomaten • 4 große Scheiben
Weißbrot (z. B. Toskanabrot) • 1 großes Stück unbehandelte Zitronenschale

Zeit: etwa 20 Min.
115 kcal pro Stück

Den Rucola verlesen, waschen und trockenschwenken.
Von den groben Stielen befreien und grob hacken.
Den Zitronensaft mit Salz und Pfeffer verrühren, das
Öl mit einer Gabel unterschlagen, bis die Sauce schön
cremig ist. Unter den Rucola heben.

Den Backofen auf 250° (Umluft 230°) vorheizen.
Den Ziegenkäse quer durchschneiden, jede Hälfte
noch einmal halbieren. Die Kirschtomaten waschen
und halbieren. Die Brote ebenfalls halbieren und
auf ein Backblech legen.

Den Rucola auf den Broten verteilen. Jeweils 1 Stück
Ziegenkäse darauf legen und mit Tomaten garnieren.
Brote im heißen Backofen (Mitte) etwa 5 Min. backen,
bis der Käse leicht gebräunt ist.

Inzwischen die Zitronenschale in hauchfeine Streifen
schneiden. Die Brote damit garniert servieren.

Crostini alla crema di olive

mit Olivencreme und Paprikawürfeln (im Bild)

Zutaten für 12 Stück
200 g schwarze Oliven • 1 Eßl. Kapern • 1 Eßl. Pinienkerne • 1 getrocknete Chilischote • 5 Eßl. kaltgepreßtes
Olivenöl • Salz • 1 kleine rote Paprikaschote • $^1/_2$ Bund
Petersilie • 1 kleine Knoblauchzehe • $^1/_2$ Eßl. Zitronensaft • 12 kleine Scheiben Weißbrot

Zeit: etwa 30 Min. (+ 1–4 Std. Marinierzeit)
105 kcal pro Stück

Die Oliven entsteinen und mit Kapern, Pinienkernen,
Chillie und 4 Eßl. Öl im Mixer oder mit dem Pürierstab
fein zerkleinern. Mit Salz abschmecken.

Die Paprikaschote waschen, halbieren und putzen, dann
fein würfeln. Petersilie waschen, die Blättchen sehr fein
hacken. Knoblauch schälen und durchpressen.

Paprika, Petersilie, Knoblauch, Zitronensaft, restliches
Olivenöl und Salz mischen und 1–4 Std. bei Zimmertemperatur ziehen lassen. Dabei einige Male durchrühren.

Die Brotscheiben im Toaster oder im Backofen bei 250°
(Umluft 230°) goldbraun rösten. Großzügig mit Olivencreme bestreichen und mit Paprikawürfeln belegen.

Tip
Übrige Olivencreme in ein sauberes Schraubglas füllen und
mit einer Schicht Olivenöl bedecken. Im Kühlschrank hält
sie sich so mehrere Wochen.

Bruschette con pancetta

mit Speck und Wacholderöl (im Bild)

Zutaten für 12 Stück
70 g Pancetta (oder Südtiroler Speck) •
8 Wacholderbeeren • 2 Eßl. Oliven- oder Rapsöl •
1 Eßl. Walnußkerne • schwarzer Pfeffer •
12 Scheiben Baguette

Zeit: etwa 15 Min.
95 kcal pro Stück

Den Speck in Streifen schneiden. In einer Pfanne bei mittlerer Hitze auslassen und knusprig werden lassen, dabei gelegentlich wenden.

Inzwischen die Wacholderbeeren im Mörser fein zerstoßen. Mit dem Öl mischen. Nach Wunsch auch das ausgebratene Speckfett untermischen. Die Walnußkerne mittelfein hacken.

Walnüsse, Speck und Wacholderöl mischen, mit Pfeffer abschmecken.

Die Brotscheiben im Toaster oder im Backofen bei 250° (Umluft 230°) in 4–5 Min. knusprig rösten. Mit der Speckmischung belegen und rasch servieren.

Crostini con crema di lenticchie

mit Linsen-Kräuter-Creme

Zutaten für 12 Stück
100 g rote Linsen • je einige Zweige frischer Oregano, Pfefferminze, Basilikum, Petersilie und Rucola • 3 Eßl. kaltgepreßtes Olivenöl • 1 Eßl. Zitronensaft • Salz • Paprika, rosenscharf • 12 kleine Scheiben Weißbrot • Kräuterblättchen zum Garnieren

Zeit: etwa 25 Min.
85 kcal pro Stück

Die Linsen mit 200 ml Wasser zum Kochen bringen und zugedeckt bei mittlerer Hitze in 10–15 Min. weich kochen. Offen leicht abkühlen lassen.

Inzwischen die Kräuter waschen, trockenschwenken und von den Stielen zupfen, dann so fein wie möglich hacken. Die Linsen mit dem Olivenöl und dem Zitronensaft mischen und mit dem Löffelrücken fein zerdrücken oder pürieren.

Die Linsencreme mit den Kräutern mischen und mit Salz und Paprika pikant abschmecken.

Brote im Toaster oder im Backofen bei 250° (Umluft 230°) in 4–5 Min. goldbraun rösten. Mit der Creme bestreichen, mit Kräuterblättchen garnieren und rasch servieren.

Tip
Die Linsencreme schmeckt auch auf ungeröstetem Brot sehr gut.

Crostini con fegatini e limone

mit Hühnerlebern und Zitrone (im Bild)

Zutaten für 12 Stück

250 g Hühnerlebern • 2 Knoblauchzehen • 1 kleine rote Zwiebel • 1 Stange Staudensellerie • 1 Bund Petersilie • 2 Eßl. Olivenöl • 2 Eßl. Butter • 50 ml trockener Weißwein (ersatzweise Hühnerbrühe) • Salz • Cayennepfeffer • Schale von 1 unbehandelten Zitrone • 1 Eßl. Kapern • 12 dünne Scheiben Weißbrot

Zeit: etwa 40 Min.
110 kcal pro Stück

Die Hühnerlebern putzen und grob würfeln. Knoblauch und Zwiebel schälen und fein hacken. Den Sellerie putzen, waschen und in Scheiben schneiden. Die Petersilie waschen, trockenschwenken und einige Blättchen beiseite legen. Die übrigen Blätter mit den zarten Stielen abzupfen und fein hacken.

Öl und Butter erhitzen. Knoblauch, Zwiebel, Sellerie und Petersilie darin andünsten. Leber unter Rühren anbraten. Wein angießen, mit Salz und Cayennepfeffer würzen und zugedeckt bei mittlerer Hitze etwa 10 Min. schmoren lassen. Dann etwas abkühlen lassen, fein pürieren, eventuell mit Salz und Cayennepfeffer abschmecken.

Die Zitronenschale mit den übrigen Petersilienblättchen und den Kapern fein hacken.

Die Brotscheiben im Toaster oder im Backofen bei 250° (Umluft 230°) in 4–5 Min. goldbraun rösten. Mit der Hühnercreme bestreichen, mit der Zitronenschalenmischung bestreuen und servieren.

Bruschette alla mozzarella marinata

mit mariniertem Mozzarella

Zutaten für 8 Stück

250 g Mozzarella (am besten vom Büffel) • 1 kleine getrocknete Chilischote • $1/2$ unbehandelte Zitrone • 1 kleines Bund Petersilie • 1 Eßl. Kapern • 4 Eßl. kaltgepreßtes Olivenöl • Salz • 4 große Scheiben Weißbrot

Zeit: etwa 15 Min. (+ 4 Std. Marinierzeit)
175 kcal pro Stück

Den Mozzarella abtropfen lassen und in kleine Würfel schneiden. Die Chilischote im Mörser zerkrümeln. Zitronenhälfte heiß waschen und abtrocknen. Die Schale mit einem Zestenreißer abziehen oder abreiben. Petersilie waschen und trockenschwenken, die Blättchen sehr fein hacken. Kapern abtropfen lassen und ebenfalls hacken.

Mozzarella mit Chillie, Zitronenschale, Petersilie, Kapern und Öl mischen und mit Salz würzen. Zugedeckt mindestens 4 Std. in den Kühlschrank stellen, dabei ein- bis zweimal durchrühren.

Die Brotscheiben einmal halbieren und im Toaster oder im Backofen bei 250° (Umluft 230°) knusprig rösten. Den Mozzarella nochmals durchrühren und auf die sehr heißen Brotscheiben verteilen. Rasch servieren.

Tip

Wer möchte, kann die belegten Brotscheiben noch mit angerösteten Pinienkernen garnieren.

Crostini con mousse di coniglio

mit Kaninchenmousse

Zutaten für 16 Stück

2 Kaninchenkeulen (etwa 400 g) • Salz • schwarzer Pfeffer • 50 g durchwachsener Speck • 1 Möhre • 2 Schalotten • 1 Eßl. Olivenöl • 200 ml trockener Weißwein (ersatzweise Hühnerbrühe) • $^1/_8$ l Hühnerbrühe • 2 Lorbeerblätter • 100 g Sahne • 6 dünne Scheiben Weißbrot • kleine Basilikumblättchen

Zeit: etwa 1 Std. 10 Min. (+ 2 – 3 Std. Kühlzeit)
310 kcal pro Stück

Die Kaninchenkeulen kalt abspülen und trockentupfen, dann mit Salz und Pfeffer einreiben. Speck würfeln. Möhre und Schalotten schälen und grob zerkleinern. Öl in einem Bräter erhitzen. Keulen darin kräftig anbraten, herausnehmen.

Speck, Möhre und Schalotten im Bratfett glasig braten. Mit Wein und Brühe ablöschen. Keulen mit Lorbeerblättern zugedeckt bei mittlerer Hitze darin 35 – 40 Min. schmoren. Dann herausnehmen und beiseite stellen. Fond durch ein Sieb gießen und auf die Hälfte einkochen lassen.

Kaninchenfleisch von den Knochen lösen und mit dem Speck nach Belieben und dem Fond fein pürieren. Sahne steif schlagen, unter die Mousse mischen, mit Salz und Pfeffer abschmecken und 2 – 3 Std. kühl stellen.

Dann die Brotscheiben toasten oder im Backofen bei 250° (Umluft 230°) in 4 – 5 Min. knusprig rösten. Mit der Mousse bestreichen und mit Basilikum garniert servieren.

Crostini con crema di avocado

mit Avocadocreme (im Bild)

Zutaten für 12 Stück

1 reife Avocado • 1 Stange Staudensellerie • 2 Frühlingszwiebeln • 1 kleines Bund Petersilie • 2 Knoblauchzehen • $^1/_2$ unbehandelte Zitrone • 1 Teel. Haselnuß- oder Walnußöl • Salz • Cayennepfeffer • 1 mittelgroße Fleischtomate • 12 dünne Scheiben Weißbrot

Zeit: etwa 25 Min.
75 kcal pro Stück

Die Avocado längs halbieren, vom Kern befreien und das Fruchtfleisch mit einem Löffel aus den Schalen lösen. Avocadofleisch mit einer Gabel sehr fein zerdrücken.

Sellerie und Zwiebeln waschen, putzen und möglichst fein hacken. Zartes Selleriegrün zum Garnieren beiseite legen. Petersilie waschen, die Blättchen sehr fein hacken. Knoblauch schälen und durch die Presse drücken.

Zitrone heiß waschen und abtrocknen, die Schale dünn abschneiden und fein hacken. Zitrone auspressen.

Avocadomus mit Sellerie, Frühlingszwiebeln, Petersilie, Knoblauch, Zitronenschale und -saft mischen und mit Nußöl, Salz und Cayennepfeffer abschmecken.

Tomate waschen und in sehr kleine Würfel schneiden. Brotscheiben im Toaster oder im Backofen bei 250° (Umluft 230°) in 4 – 5 Min. knusprig rösten. Mit Avocadocreme bestreichen und mit Tomatenwürfeln und Selleriegrün garnieren.

Crostini al tonno fresco

mit mariniertem Thunfisch

Zutaten für 12 Stück
200 g ganz frischer Thunfisch • 1 unbehandelte Orange •
einige Zweige Basilikum • 2 Teel. Aceto Balsamico •
2 Teel. Zitronensaft • 2–3 Eßl. kaltgepreßtes Olivenöl •
Salz • schwarzer Pfeffer • 12 dünne Scheiben Weißbrot

Zeit: etwa 15 Min. (+ 1–4 Std. Marinierzeit)
100 kcal pro Person

Den Thunfisch kalt abspülen und trockentupfen. Dann in
sehr kleine Würfel schneiden, dabei eventuell auch die
Haut entfernen.

Die Orange heiß waschen und abtrocknen, die Schale
mit einem Zestenreißer abtrennen. Die Orange halbieren, eine Hälfte schälen und in sehr kleine Würfel
schneiden. Basilikum waschen, abtrocknen und die
Blättchen in Streifen schneiden.

Orangenwürfel mit dem ausgetretenen Saft, Essig,
Basilikum, Zitronensaft und Olivenöl mischen und mit
Salz und Pfeffer abschmecken. Thunfisch untermischen
und zugedeckt 1–4 Std. in den Kühlschrank stellen.

Dann die Brotscheiben im Toaster oder im Backofen
bei 250° (Umluft 230°) in 4–5 Min. goldbraun rösten.
Thunfisch nochmals durchrühren, auf den Brotscheiben
verteilen und sofort servieren.

Bruschette alle acciughe marinate

mit marinierten Sardellen (im Bild)

Zutaten für 8 Stück
1 frische rote Chilischote • 1 kleines Bund Petersilie •
1 Frühlingszwiebel • 1 Knoblauchzehe • etwa 75 g
Sardellenfilets in Öl • 4–5 Eßl. kaltgepreßtes Olivenöl •
4 große Scheiben Weißbrot (z. B. Toskanabrot)

Zeit: etwa 15 Min. (+ 4 Std. Marinierzeit)
90 kcal pro Stück

Die Chilischote waschen, von Stielansatz und Kernen
befreien und sehr fein hacken. Die Petersilie waschen,
trockenschütteln und die Blättchen ebenfalls sehr fein
zerkleinern. Die Frühlingszwiebel waschen und putzen.
Den Knoblauch schälen, beides sehr fein hacken.

Die Sardellen abtropfen lassen und mit Chillie, Petersilie, Frühlingszwiebel, Knoblauch und Olivenöl
mischen. Etwa 4 Std. bei Zimmertemperatur ziehen
lassen.

Dann die Brote halbieren und im Toaster oder im
Backofen bei 250° (Umluft 230°) in 4–5 Min. goldbraun
rösten. Mit den Sardellen belegen und heiß servieren.

Crostini agli sgombri

mit Makrelencreme

Zutaten für 12 Stück
200 g geräucherte Makrele • 2 Eßl. saure Sahne •
2 Teel. Zitronensaft • 1 Stück Gurke (etwa 70 g) •
1 Teel. eingelegte grüne Pfefferkörner • eventuell etwas
Salz • 4–6 Blätter Radicchio • 12 Scheiben Baguette •
Dillspitzen zum Garnieren

Zeit: etwa 15 Min.
70 kcal pro Stück

Die Makrele von Haut und allen Gräten befreien und in
Stücke zupfen. Mit der sauren Sahne und dem Zitronensaft fein pürieren.

Die Gurke schälen oder sehr gut waschen, halbieren
und die Kerne mit einem Löffel herausschaben. Die Gurke sehr fein würfeln. Pfefferkörner abtropfen lassen und
fein hacken, mit den Gurkenwürfeln unter die Makrelencreme mischen. Eventuell mit etwas Salz abschmecken
(vorsichtig, die Makrele ist schon salzig). Die Radicchioblätter waschen und trockentupfen, in Stücke, so groß
wie die Baguettescheiben, zupfen.

Die Brotscheiben im Toaster oder im Backofen bei 250°
(Umluft 230°) in 4–5 Min. goldbraun rösten. Jeweils mit
1 Radicchioblatt belegen, mit Makrelencreme bestreichen und mit Dill garniert servieren.

Bruschette agli scampi piccanti

mit Rucola und Knoblauchgarnelen (im Bild)

Zutaten für 4 Stück
200 g rohe oder gegarte geschälte Garnelen •
1 getrocknete Chilischote • 2–3 Knoblauchzehen •
1 Bund Rucola • 2 Teel. Zitronensaft • 4 Eßl. kaltgepreßtes Olivenöl • Salz • Pfeffer • 4 große Scheiben
italienisches Weißbrot

Zeit: etwa 20 Min.
285 kcal pro Stück

Garnelen kalt abspülen und trockentupfen. Chilischote
im Mörser fein zerkrümeln. Knoblauch schälen und in
feine Scheiben schneiden. Die Scheiben nochmals
halbieren.

Rucola waschen und trockenschwenken. Von den dicken
Stielen befreien und grob zerkleinern. Mit Zitronensaft
und 2 Eßl. Olivenöl mischen, mit Salz und Pfeffer würzen.

Restliches Öl in einer Pfanne erhitzen. Rohe Garnelen
darin bei mittlerer Hitze unter Rühren braten, bis sie
sich gleichmäßig rosa gefärbt haben (gegarte Garnelen
nur heiß werden lassen). Chillie und Knoblauch dazugeben und unter Rühren nochmals 1–2 Min. braten.
Salzen.

Gleichzeitig Brotscheiben im Toaster oder im Backofen
bei 250° (Umluft 230°) in 4–5 Min. knusprig rösten.
Drotscheiben mit Rucola belegen, Garnelen darauf verteilen, nach Wunsch noch Pfeffer darüber mahlen.
Bruschette rasch servieren.

Dazwischen

Tramezzini

Fällt das Frühstück, wie in Italien üblich, eher mager aus, gilt es, die Zeit bis zur ersten größeren Mahlzeit zu überbrücken. Für diese Zeiten dazwischen, die »tramezzi«, sind die Tramezzini geschaffen und ersetzen auch schon mal das Mittagessen.

Vom Sandwich zum Tramezzino

Wahrscheinlich haben wir diese köstlichen Brote den Engländern zu verdanken, die schon lange gerne nach Italien reisen. Zusammen mit italienischer Phantasie und Kochkunst wurden aus deren Sandwiches Brote in noch vielfältigeren Geschmacksvarianten. Zu finden sind die köstlichen Tramezzini in ganz Norditalien, vor allem im Veneto. Wer Commissario Brunetti, den Protagonisten aller Donna-Leon-Krimis, kennt und liebt, hat ihn wahrscheinlich schon so manches Mal gedanklich beim Besuch einer venezianischen Bar begleitet, wo er sich so gern ein Gläschen Wein genehmigt und auch mal ein Tramezzino dazu bestellt.
Je weiter man in Italien übrigens nach Süden reist, desto mehr verschwinden die eleganten Tramezzini und werden von den kräftigeren, rustikaleren Panini abgelöst.

Wieviel für welchen Anlaß?

Ein Tramezzino ist ein kleiner Snack, Bestandteil des Picknicks oder pikanter Happen zu einem Gläschen Wein. Wer Tramezzini nur für den kleinen Hunger anbietet, kann mit 2 Stück pro Person rechnen, also 1 doppeltes, gefülltes Brot, das einmal durchgeschnitten wird. Fürs Picknick oder als alleiniger Imbiß zum Wein sollten Sie die doppelte Menge einplanen. In diesem Fall am besten nicht nur eine Sorte, sondern – je nach Anzahl der Gäste – zwei oder mehrere Tramezzini-Varianten anbieten.

Richtig gewählt: das Brot

Als Hülle für die feinen Zutaten nimmt man in Italien Sandwichbrot: Es gibt die schlaffen großen Brotscheiben aus der Tüte ebenso wie den ganzen Laib Sandwichbrot, den man selbst in Scheiben schneidet. Das offen gekaufte schmeckt nach mehr und ist trotzdem angenehm weich und zart. Ein guter, allerdings etwas kleinerer Ersatz für Sandwichbrot ist Toastbrot. Hier können Sie zwischen verschiedenen Sorten wählen und auch einmal Mehrkorn- oder anderen Vollkorntoast kaufen. Die Scheiben lassen sich ungetoastet wie auch getoastet verwenden. Kastenweißbrot ist etwas größer als das offen gekaufte Sandwichbrot, in der Struktur allerdings nicht ganz so fest, so daß es sich nur mit einem wirklich guten Brotmesser in genügend dünne Scheiben schneiden läßt.

Auf die Füllung kommt es an

Tramezzini sind ganz leicht zu machen, mit ein paar Tips gibt es aber garantiert keine Probleme:
• Besteht die Füllung aus einer feinen Creme als Hauptzutat, dann darf sie saftig sein, aber nicht so weich geraten, daß sie beim Durchschneiden der beiden Brotscheiben herausläuft. Deshalb die Masse auch nicht ganz bis an den Brotrand streichen.
• Damit die Tramezzini nicht zu dick werden, von den Salatblättern die dicken Rippen entfernen oder flach schneiden.
• Wer die Tramezzini längere Zeit vor dem Servieren zubereiten möchte, wickelt sie einzeln in Klarsichtfolie und legt sie in den Kühlschrank.
• Sollen die Brote länger stehen, weichen sie nicht so leicht durch, wenn Sie die Scheiben vor dem Belegen toasten.
• Wer weiches Brot nicht so gerne mag, kann die Scheiben ohnehin immer toasten. Am besten schmecken sie, wenn sie wirklich nur etwas knusprig und noch nicht braun werden.

• Zum Schneiden der Tramezzini eignet sich am besten ein scharfes Messer mit gezackter Klinge. Und eher sägend schneiden, möglichst nicht drücken.
• Tramezzini mit Mayonnaise aus rohen Eiern müssen immer kühl aufbewahrt und ganz frisch serviert werden. Vor allem im Sommer, wenn es sehr heiß ist, besser Mayonnaise aus gekochten Eiern (Rezept Seite 31) nehmen.

Grundrezept Sandwichbrot

Durch die Verwendung von Milch statt Wasser wird das Brot weicher und weißer, was für Sandwiches und Tramezzini wichtig ist.
15 g frische Hefe in $1/4$ l lauwarmer Milch verrühren. Mit 2–3 Eßl. Mehl (insgesamt braucht man 500 g) verrühren und diesen Vorteig etwa 20 Min. stehenlassen. Dann das restliche Mehl mit gut 1 Teel. Salz mischen, unterkneten und den Teig in der Schüssel mit einem Tuch bedeckt etwa 1 Std. gehen lassen, bis sich sein Volumen mindestens verdoppelt hat. Eine Kastenform von 28 cm Länge mit Butter ausstreichen und mit Mehl ausstäuben. Den Teig durchkneten und zu einer Rolle formen. Die Enden so einschlagen, daß das Brot die Länge der Form hat. Mit den eingeschlagenen Seiten nach unten in die Form geben. Brot zugedeckt 20 Min. gehen lassen. Backofen inzwischen auf 180° vorheizen. Brot mit lauwarmem Wasser bepinseln und im Ofen (unten, Umluft 160°) 50–60 Min. backen. Dabei nach etwa 30 Min. nochmals mit Wasser bepinseln. Brot etwas abkühlen lassen, dann aus der Form stürzen und ganz abkühlen lassen.

Tramezzini al pesto di pomodori

mit Tomatenpesto und Mozzarella (im Bild)

Zutaten für 8 – 10 Stück
100 g getrocknete, in Öl eingelegte Tomaten • 2 Knoblauchzehen • 1 großes Bund Basilikum • 50 g Pinienkerne • 2 Eßl. kaltgepreßtes Olivenöl • Salz • Chilipulver • 250 g Mozzarella (möglichst vom Büffel) • 2 feste Tomaten • 1 Handvoll feiner Spinat (oder $1/2$ Bund Rucola) • 8 – 10 Scheiben Kastenweißbrot (oder Sandwichbrot)

Zeit: etwa 35 Min.
Bei 10 Stück 190 kcal pro Stück

Die Tomaten abtropfen lassen und grob zerkleinern. Knoblauch schälen und hacken. Basilikum waschen und trockentupfen, die Blättchen abzupfen.

Tomaten mit Knoblauch, Basilikum, Pinienkernen und Öl mit dem Pürierstab fein zerkleinern. Pesto mit Salz und Chilipulver abschmecken.

Den Mozzarella abtropfen lassen und in dünne Scheiben schneiden. Die frischen Tomaten waschen und ebenfalls in sehr feine Scheiben teilen, dabei die Stielansätze herausschneiden. Spinat verlesen, waschen und trockentupfen.

Die Brotscheiben mit Tomatenpesto bestreichen, die Hälfte der Scheiben abwechselnd mit Spinat, Mozzarella und Tomaten belegen. Die übrigen Brotscheiben mit der bestrichenen Seite nach unten darauf klappen und leicht andrücken. Die Brote diagonal durchschneiden, nach Wunsch noch einmal teilen.

Tramezzini alla ricotta

mit Gemüsericotta

Zutaten für 8 – 10 Stück
je $1/2$ kleine gelbe und rote Paprikaschote • 2 Frühlingszwiebeln • 1 Stück Zucchino (etwa 50 g) • 1 kleine feste Tomate • einige Blättchen Rucola • 200 g weicher Ricotta • Salz • schwarzer Pfeffer • 4 – 5 schöne Salatblätter • 8 – 10 Scheiben Kastenweißbrot (oder Sandwichbrot)

Zeit: etwa 20 Min.
Bei 10 Stück 90 kcal pro Stück

Das Gemüse waschen und putzen. Paprika grob würfeln. Frühlingszwiebeln in Ringe teilen. Zucchino und Tomate würfeln. Alles mit dem Zwiebelhacker möglichst fein zerkleinern. Wer keinen Zwiebelhacker hat, nimmt das Wiegemesser.

Den Rucola waschen, von den groben Stielen befreien und fein hacken. Mit dem Gemüse unter den Ricotta mischen, mit Salz und Pfeffer abschmecken.

Die Salatblätter waschen und abtrocknen, dicke Blattrippen eventuell flach schneiden. Die Hälfte der Brotscheiben mit je 1 Salatblatt belegen, mit Ricottacreme dick bestreichen. Mit den restlichen Brotscheiben bedecken. Die Brote diagonal durchschneiden und möglichst rasch servieren.

Tip
Die Creme für die Tramezzini läßt sich nicht gut vorbereiten, da das Gemüse sonst zuviel Feuchtigkeit abgibt und die Creme zu weich wird.

Tramezzini con frittata

mit Frittata und leichter Salatcreme

Zutaten für 8 – 10 Stück
1 Bund Frühlingszwiebeln • 2 – 4 eingelegte Artischockenherzen • 1 Bund gemischte Kräuter • 2 Knoblauchzehen •
2 Eßl. Olivenöl • 5 Eier • 2 Eßl. Milch • Salz • schwarzer
Pfeffer • 75 g Mayonnaise (Rezept rechts) • 75 g Joghurt •
abgeriebene Schale von 1 unbehandelten Zitrone •
8 – 10 Scheiben Sandwichbrot (oder Toastbrot)

Zeit: etwa 40 Min.
Bei 10 Stück 165 kcal pro Stück

Zwiebeln waschen, putzen und in feine Ringe schneiden.
Artischocken abtropfen lassen und achteln. Kräuter wa-
schen und trockenschwenken, Blätter sehr fein hacken.
Knoblauch schälen und fein zerkleinern.

Das Öl in einer mittelgroßen Pfanne erhitzen. Zwiebeln mit
Knoblauch darin unter Rühren andünsten, aber nicht braun
werden lassen. Artischocken und Kräuter kurz mitbraten.

Eier mit Milch verrühren und mit Salz und Pfeffer würzen.
Über die Zutaten in der Pfanne gießen und bei schwacher
Hitze offen in etwa 15 Min. stocken lassen. Frittata wenden und in etwa 5 Min. fertigbacken, auf einem Teller
abkühlen lassen.

Frittata in Größe der Brotscheiben zuschneiden.
Mayonnaise mit Joghurt und Zitronenschale verrühren
und mit Pfeffer und eventuell wenig Salz verrühren.
4 – 5 Brotscheiben mit etwas Mayonnaise bestreichen,
mit Frittata belegen und die übrige Creme darauf verteilen. Restliche Brotscheiben darauf legen, leicht andrücken
und durchschneiden.

Mayonnaise selbstgemacht

Klassische Mayonnaise
2 sehr frische Eigelbe mit 1 Teel. scharfem Senf und 1 – 2 Teel.
Zitronensaft mit dem Schneebesen gründlich verrühren.
Etwa 100 ml Sonnenblumen- oder Olivenöl (Olivenöl macht die
Mayonnaise kräftiger) zuerst tropfenweise, dann in dünnem
Strahl unter ständigem kräftigem Schlagen dazugeben, bis
eine feste Mayonnaise entsteht. Die Mayonnaise mit Salz und
eventuell etwas Cayennepfeffer abschmecken. Leichter wird
sie, wenn man zusätzlich 100 g saure Sahne untermischt.
Wer sie ganz pur will, nimmt 3 Eigelbe und $1/8$ l Öl. Die Mayon-
naise am selben Tag verwenden.

Mayonnaise aus gekochten Eiern
3 Eier in kochendem Wasser in etwa 8 Min. fest, aber nicht
zu hart kochen. Die Eier kalt abschrecken und schälen.
Die Eiweiße abtrennen und für ein anderes Gericht (z. B.
zum Bestreuen eines Blattsalats) verwenden. Die Eigelbe
in einer Schüssel mit 2 – 3 Eßl. heißem Wasser zerdrücken
(es soll eine geschmeidige Masse werden). 2 Teel. scharfen
Senf und 2 – 3 Teel. Zitronensaft untermischen. Jetzt unter
ständigem Rühren etwa $1/8$ l Sonnenblumen- oder Olivenöl
dazufließen lassen. Die Mayonnaise mit Salz, Pfeffer und
eventuell Cayennepfeffer abschmecken. Die Mayonnaise hält
sich 2 – 3 Tage zugedeckt im Kühlschrank.

Tramezzini alla crema di parmigiano

mit Parmesan-Spargel-Creme

Zutaten für 8 – 10 Stück

200 g grüner Spargel • Salz • 1 Prise Zucker • 2 Frühlingszwiebeln • einige Blättchen Zitronenmelisse • 100 g frisch geriebener Parmesan • 100 g Ricotta • schwarzer Pfeffer • abgeriebene Schale von $1/2$ unbehandelten Zitrone • 8 – 10 Scheiben Kastenweißbrot (oder Sandwichbrot)

Zeit: etwa 35 Min.
Bei 10 Stück 115 kcal pro Stück

Den Spargel waschen und die holzigen Enden großzügig abschneiden. Den Spargel eventuell am unteren Ende dünn schälen. In einem Topf Wasser mit Salz und Zucker zum Kochen bringen. Spargel darin zugedeckt bei mittlerer Hitze in etwa 8 Min. bißfest kochen.

Den Spargel abgießen, kalt abschrecken und abkühlen lassen, dann in knapp 1 cm breite Stücke schneiden. Die Frühlingszwiebeln putzen, waschen und mit dem hellen Grün sehr fein hacken. Zitronenmelisse waschen und ebenfalls hacken.

Parmesan mit Ricotta verrühren, Spargel, Frühlingszwiebeln und Zitronenmelisse unterheben und die Creme mit Salz (vorsichtig, der Käse ist schon salzig), Pfeffer und Zitronenschale abschmecken.

Die Hälfte der Brotscheiben mit der Spargelcreme bestreichen, die übrigen Brote darauf klappen und leicht andrücken. Die Brote diagonal durchschneiden, nach Wunsch noch einmal halbieren.

Tramezzini con crema di formaggio

mit Tomaten-Roquefort-Creme (im Bild)

Zutaten für 8 – 10 Stück

100 g feste Kirschtomaten • 2 getrocknete, in Öl eingelegte Tomaten nach Belieben • $1/2$ kleines Bund Petersilie • 1 Eßl. geschälte Pistazienkerne • 100 g Roquefort (ersatzweise Gorgonzola oder ein anderer Edelpilzkäse) • 2 Eßl. Quark (oder Ricotta) • schwarzer Pfeffer • 4 – 5 schöne grüne Salatblätter • 8 – 10 Scheiben Kastenweißbrot (oder Sandwichbrot)

Zeit: etwa 20 Min.
Bei 10 Stück 100 kcal pro Stück

Die Tomaten waschen und sehr klein würfeln. Die getrockneten Tomaten nach Belieben abtropfen lassen und ebenfalls fein zerkleinern. Die Petersilie waschen, trockenschwenken und die Blättchen sehr fein hacken. Die Pistazien ebenfalls hacken.

Den Roquefort mit einer Gabel fein zerdrücken. Tomaten, Petersilie, Pistazien und Quark untermischen, so daß eine feste, aber streichfähige Masse entsteht. Mit Pfeffer abschmecken. Salz brauchen Sie nicht, denn der Käse ist genug gewürzt.

Die Salatblätter waschen, trockenschwenken und die dicken Blattrippen flacher schneiden. Die Hälfte der Brotscheiben dick mit der Roquefortcreme bestreichen, mit Salatblättern belegen. Die übrigen Brote darauf legen und leicht andrücken. Die Brote diagonal durchschneiden, nach Wunsch noch einmal teilen.

Tramezzini al tonno

mit Thunfisch (im Bild)

Zutaten für 8 – 10 Stück
2 Dosen Thunfisch im eigenen Saft (je 150 g) • einige
Zweige Petersilie • 1 Eßl. Kapern • 2 Eßl. Mayonnaise
(Rezept Seite 31) • 3 Eßl. Ricotta (oder Crème fraîche) •
Salz • schwarzer Pfeffer • 2 Teel. Zitronensaft •
4 – 5 schöne Salatblätter • 1 kleine Gurke (etwa 100 g) •
8 – 10 Scheiben Kastenweißbrot (oder Sandwichbrot)

Zeit: etwa 10 Min.
Bei 10 Stück 95 kcal pro Stück

Den Thunfisch abtropfen lassen und mit zwei Gabeln
sehr fein zerpflücken. Petersilie waschen und die
Blättchen sehr fein hacken. Kapern abtropfen lassen.

Mayonnaise mit Ricotta, Petersilie und Kapern mischen.
Thunfisch untermengen und alles mit Salz, Pfeffer und
Zitronensaft abschmecken.

Die Salatblätter waschen und trockenschwenken, dicke
Blattrippen flacher schneiden. Gurke gründlich waschen
oder schälen und in feine Scheiben hobeln.

Die Hälfte der Brotscheiben mit den Salatblättern belegen. Gurkenscheiben darauf verteilen, Thunfischmasse
daraufgeben. Restliche Brotscheiben darüber klappen
und leicht andrücken. Die Brote diagonal durchschneiden, nach Wunsch noch einmal teilen.

Tramezzini agli scampi

mit Garnelen

Zutaten für 8 – 10 Stück
1 – 2 Stangen Staudensellerie (je nach Größe) •
$1/2$ Bund gemischte Kräuter • $1/2$ unbehandelte Zitrone •
180 – 200 g gegarte geschälte Garnelen • 50 g Mayonnaise (Rezept Seite 31) • 50 g Crème fraîche • Salz •
weißer Pfeffer • Cayennepfeffer • 2 feste Tomaten •
8 – 10 Scheiben Kastenweißbrot (oder Sandwichbrot)

Zeit: etwa 20 Min.
Bei 10 Stück 120 kcal pro Stück

Den Sellerie waschen, die Enden abschneiden und
die Fäden abziehen. Sellerie sehr fein würfeln.
Kräuter waschen, die Blättchen ebenfalls sehr fein
zerkleinern. Zitrone waschen und abtrocknen, die
Schale fein abreiben, den Saft auspressen.

Die Garnelen klein würfeln. Mayonnaise und Crème
fraîche verrühren. Garnelen, Sellerie, Kräuter und
Zitronenschale untermischen, die Masse mit Salz,
Pfeffer, Cayennepfeffer und 2 Teel. Zitronensaft
abschmecken.

Die Tomaten waschen und in sehr dünne Scheiben
schneiden. Die Hälfte der Brotscheiben mit den Tomaten belegen, die Garnelenmischung darauf verteilen.
Die übrigen Brotscheiben darauf decken und leicht
andrücken. Die Brote diagonal durchschneiden, nach
Wunsch noch einmal halbieren.

Tramezzini al pesce spada

mit Schwertfisch-Carpaccio und Avocado (im Bild)

Zutaten für 8–10 Stück
1 unbehandelte Zitrone • 2 Eßl. kaltgepreßtes Olivenöl •
2 Teel. kleine Kapern • Salz • weißer Pfeffer •
1 dickeres Stück sehr frischer Schwertfisch (etwa 200 g) •
1 Fleischtomate • 1 Avocado • 4–5 schöne Salatblätter •
8–10 Scheiben Kastenweißbrot (oder Sandwichbrot)

Zeit: etwa 30 Min.
Bei 10 Stück 125 kcal pro Person

Die Zitrone heiß waschen, abtrocknen und die Schale fein abreiben. Zitrone dann auspressen. Die Hälfte des Zitronensafts mit Olivenöl zu einer cremigen Sauce verrühren. Zitronenschale und Kapern untermischen, mit Salz und Pfeffer abschmecken.

Den Schwertfisch mit einem sehr scharfen Messer mit dünner Klinge in feine Scheiben schneiden. Scheiben mit der Marinade mischen.

Tomate waschen und in dünne Scheiben schneiden. Avocado längs halbieren, entkernen und in dünne Scheiben schneiden. Mit dem restlichen Zitronensaft beträufeln.

Die Salatblätter waschen und trockenschwenken, die Blattrippen flacher schneiden. Die Hälfte der Brotscheiben damit belegen. Avocado und Tomate zur Hälfte daraufgeben, leicht salzen und pfeffern. Schwertfisch darauf verteilen und mit den übrigen Avocado- und Tomatenscheiben belegen. Salzen, pfeffern und die übrigen Brotscheiben darauf klappen. Brote diagonal durchschneiden, nach Wunsch nochmals teilen.

Tramezzini con uova e cetriolo

mit Ei und Gurke

Zutaten für 8–10 Stück
6 Eier • $^1/_2$ Bund gemischte Kräuter • 1 kleine Gurke •
1 Essiggurke • 1 Eßl. Kapern nach Belieben •
75 g Mayonnaise (Rezept Seite 31) • 75 g saure Sahne •
Salz • schwarzer Pfeffer • 1 Teel. Zitronensaft •
8–10 Scheiben Kastenweißbrot (oder Sandwichbrot)

Zeit: etwa 30 Min.
Bei 10 Stück 155 kcal pro Stück

Die Eier in kochendem Wasser in 10 Min. hart kochen, kalt abschrecken und abkühlen lassen.

Inzwischen die Kräuter waschen, die Blättchen sehr fein hacken. Gurke gründlich waschen oder schälen und der Länge nach halbieren, entkernen und sehr fein würfeln. Essiggurke und nach Belieben auch die Kapern ebenfalls fein zerkleinern.

Die Eier schälen und fein hacken. Mayonnaise mit saurer Sahne mischen. Eier, Kräuter, Gurken und Kapern untermischen und alles mit Salz, Pfeffer und Zitronensaft abschmecken.

Die Hälfte der Brotscheiben mit der Eiermasse bedecken. Übrige Brotscheiben darüber klappen und leicht andrücken. Brote diagonal durchschneiden, nach Wunsch noch einmal teilen.

Tip
Wer möchte, belegt die Brotscheiben mit Salatblättern, bevor die Eiercreme darauf kommt.

Tramezzini all'arrosto

mit Braten und Gurken-Kräuter-Sauce (im Bild)

Zutaten für 8 – 10 Stück
1 kleine Gurke (etwa 150 g) • 1 kleines Bund Dill (oder Basilikum) • 50 g saure Sahne • 1 Eßl. Mayonnaise (Rezept Seite 31) • Salz • schwarzer Pfeffer • 1 – 2 Teel. Zitronensaft • 1 Eßl. weiche Butter • 1 Teel. scharfer Senf • 8 – 10 Scheiben Kastenweißbrot (oder Sandwich-brot) • 4 – 5 schöne Salatblätter • 150 g kalter Kalbs- oder Schweinebraten in dünnen Scheiben

Zeit: etwa 15 Min.
Bei 10 Stück 95 kcal pro Stück

Die Gurke gründlich waschen oder schälen, von den Enden befreien und der Länge nach halbieren. Kerne mit einem Löffel herauskratzen, Gurkenhälften in kleine Würfel schneiden.

Dill waschen, trockenschwenken und ohne die groben Stiele fein hacken. Gurke mit den Kräutern, saurer Sahne und Mayonnaise mischen. Mit Salz, Pfeffer und Zitronensaft abschmecken.

Die Butter mit dem Senf verrühren, die Hälfte der Brot-scheiben damit bestreichen. Die Salatblätter waschen, trockenschwenken und die dicken Blattrippen flacher schneiden. Auf die gebutterten Brotscheiben legen, Bratenscheiben darauf verteilen. Gurken-Kräuter-Sauce darauf löffeln. Restliche Brotscheiben darauf klappen und leicht andrücken. Die Brote diagonal teilen, even-tuell noch einmal durchschneiden.

Tramezzini al salame con basilico

mit Salami und Basilikum-Ricotta-Creme

Zutaten für 8 – 10 Stück
1 größere feste Tomate • 1 großes Bund Basilikum • 2 – 3 Frühlingszwiebeln • 150 g Ricotta • 1 Eßl. kalt-gepreßtes Olivenöl • Salz • schwarzer Pfeffer • 1 Teel. Zitronensaft • 8 – 10 Scheiben Kastenweißbrot (oder Sandwichbrot) • 100 g scharfe Salami in dünnen Scheiben

Zeit: etwa 15 Min.
Bei 10 Stück 125 kcal pro Stück

Die Tomate waschen und in sehr dünne Scheiben schneiden. Die Basilikumblättchen abzupfen, mit Küchenpapier abreiben und sehr fein hacken. Frühlingszwiebeln putzen, waschen und ebenfalls sehr fein hacken.

Ricotta mit Basilikum, Frühlingszwiebeln und Olivenöl verrühren und mit Salz, Pfeffer und Zitronensaft ab-schmecken.

Die Hälfte der Brotscheiben mit Salami belegen. Tomatenscheiben darauf verteilen und mit Ricotta-creme bestreichen. Restliches Brot darauf legen, Brote diagonal halbieren, eventuell nochmals teilen.

Tramezzini alle cipolle grigliate

mit gegrillten Zwiebeln und Roastbeef (im Bild)

Zutaten für 8–10 Stück
8 kleine rote Zwiebeln • 10 Salbeiblätter • $^1/_2$ getrocknete Chilischote • 1 Eßl. Aceto Balsamico • 1 Eßl. Olivenöl • 1 Teel. Honig • Salz • 2 Tomaten • $^1/_2$ Bund Rucola • 8–10 Scheiben Kastenweißbrot (oder Sandwichbrot) • 2 Eßl. Mayonnaise (Rezept Seite 31) • 8–10 dünne Scheiben Roastbeef

Zeit: etwa 30 Min. (+ 1 Std. Marinierzeit)
Bei 10 Stück 115 kcal pro Stück

Die Zwiebeln schälen und vierteln. Salbei waschen und in feine Streifen schneiden, Chillie zerkrümeln. Zwiebeln mit Salbei, Chillie, Essig, Olivenöl und Honig mischen, salzen und etwa 1 Std. marinieren.

Den Backofengrill anheizen. Zwiebeln in einer feuerfesten Form unter die heißen Grillschlangen schieben und etwa 10 Min. grillen, bis sie schön gebräunt sind. Dabei einmal wenden. Zwiebeln abkühlen lassen.

Die Tomaten waschen und in dünne Scheiben schneiden. Rucola waschen und trockenschwenken, harte Stiele abknipsen.

Die Hälfte der Brotscheiben dünn mit Mayonnaise bestreichen, Rucola und Tomaten darauf verteilen. Roastbeef darauf legen und mit Zwiebeln garnieren. Übrige Brotscheiben darauf klappen und leicht andrücken. Brote diagonal halbieren, eventuell noch einmal durchschneiden.

Tramezzini alla crema di prosciutto

mit Zucchini und Schinken-Kräuter-Creme

Zutaten für 8–10 Stück
1 junger Zucchino (etwa 100 g) • 1 Eßl. Kapern • 1 Eßl. Zitronensaft • 2 Eßl. kaltgepreßtes Olivenöl • einige Tropfen Tabascosauce • Salz • 150 g gekochter Schinken • 150 g Ricotta (oder Quark) • 1 Tomate • $^1/_2$ Bund gemischte Kräuter (z. B. Zitronenmelisse, Basilikum und Petersilie) • schwarzer Pfeffer • 4–5 schöne Salatblätter • 8–10 Scheiben Kastenweißbrot (oder Sandwichbrot)

Zeit: etwa 30 Min.
Bei 10 Stück 130 kcal pro Stück

Zucchino waschen, putzen und auf dem Gurkenhobel in feine Scheiben teilen. Kapern fein hacken und mit Zitronensaft, Olivenöl und Tabasco mischen. Zucchino unterheben und salzen, zugedeckt etwa 15 Min. ziehen lassen.

Inzwischen den Schinken in kleine Würfel schneiden und mit dem Ricotta fein pürieren. Tomate waschen und sehr fein würfeln. Kräuter waschen und von den groben Stielen befreien, dann sehr fein hacken.

Schinkenricotta mit Tomate und Kräutern mischen und mit Pfeffer und eventuell wenig Salz (der Schinken ist auch salzig) abschmecken. Salatblätter waschen und trockenschwenken, dicke Blattrippen flacher schneiden.

Die Hälfte der Brote mit Salatblättern belegen und mit Schinkencreme bestreichen. Zucchini nochmals durchrühren und auf die Schinkencreme geben. Die restlichen Brotscheiben darauf legen. Die Brote diagonal durchschneiden, nach Wunsch nochmals teilen.

Gut verpackt

Panini

Belegte Brote gibt es fast überall auf der Welt und wie so oft sind sie in Italien ein wenig besser und ein wenig phantasievoller als anderswo.

Die Grundlage muß stimmen

Auch, wenn es im Grunde nur die Hülle für den feinen Belag ist, muß das Brötchen gut schmekken, damit das ganze Panino ein Genuß wird.
- **Panini- oder Sandwichbrötchen** sind länglich und relativ flach und lassen sich daher besonders gut mit den feinen Zutaten belegen. Als Ersatz können Sie aber alle anderen Semmeln nehmen. Voraussetzung: Sie dürfen nicht zu klein sein, damit etwas reinpaßt, und nicht zu hoch, damit man gut abbeißen kann.
- **Bauernsemmeln** sind meist ein bißchen größer als die normalen Semmeln und dunkler. Da sie sehr locker sind, sind sie gut geeignet.
- **Ciabatta** sind ebenfalls groß im Kommen: Den Namen »Pantoffel« oder gar »heruntergekommene Person« hat dieses knusprige flache Brot mit der zarten Mehlhaube wahrlich nicht verdient. In Stücke geschnitten und längs halbiert, ist Ciabatta ideal für Panini. Inzwischen gibt es auch Varianten mit Oliven oder Kapern.

Tips für optimalen Genuß

Ein Panino muß saftig sein, darf aber nicht durchweichen, es soll frisch sein und sich trotzdem vorbereiten lassen, damit man es auch einmal mit ins Büro oder zum Picknick nehmen kann. Hier deshalb noch ein paar hilfreiche Tips:
- Ein Salatblatt auf der unteren Brötchenhälfte sieht nicht nur hübsch aus, sondern schützt die Brotkrume auch vor dem Feuchtwerden. Wichtig ist dabei die Salatsorte: also keine Salate nehmen, die rasch schlapp machen, wie zum Beispiel die meisten Kopfsalate. Bevorzugen Sie kräftige Blätter wie Endivien- oder Eissalat, Radicchio oder auch einmal Chicorée.
- Den Salat außerdem nach dem Waschen immer gut trockenschleudern oder -tupfen. So bleibt er länger frisch und weicht außerdem das Brot nicht durch.
- Wer Panini vorbereiten und mitnehmen möchte, wickelt sie einzeln in Klarsichtfolie und lagert sie kühl. So kann nichts austrocknen, und die Zutaten bleiben frisch.
- Bei Panini mit Sauce die Brötchen am besten mit allen Zutaten belegen und einpacken. Die Sauce aber getrennt mitnehmen und erst kurz vor dem Anrichten oder Essen über den Zutaten verteilen.

• Bei Panini mit zarten frischen Kräutern diese ebenfalls erst kurz vor dem Essen auf den übrigen Zutaten verteilen.

So wird die Party rund

Wer anläßlich einer Einladung einmal etwas Ausgefallenes anbieten möchte, ist mit einem Panini-Tramezzini-Crostini-Fest gut beraten. Viele Leute essen gerne »Schnittchen«, möchten sich aber nicht selbst die Arbeit machen. Alle Panini in kleinere Stücke schneiden, damit jeder von jedem probieren kann. Mit einer großen Schüssel Salat (das Dressing extra dazu reichen, damit der Salat nicht matschig wird) und eventuell einem kleinen Dessert oder einer Käseplatte wird die Party bestimmt ein Erfolg.

Hier ein paar Kombinations-Vorschläge:

Für die feine Stehparty (für 8 – 10 Personen):
Bruschette agli asparagi (Seite 8)
Crostini alla crema di olive (Seite 13)
Bruschette agli scampi piccanti (Seite 23)
Tramezzini con crema di formaggio (Seite 32)
Tramezzini al pesce spada (Seite 36)
Panini con prosciutto e pera (Seite 48)
Panini festivi (Seite 57)
Crostini ai funghi porcini (Seite 69)
Toast agli asparagi con provolone (Seite 73)

Für die vegetarischen Freunde (für 8 – 10 Personen):
Bruschette vegetariane (Seite 10)
Crostini con crema di lenticchie (Seite 15)
Bruschette alla mozzarella marinata (Seite 17)
Tramezzini alla ricotta (Seite 28)
Tramezzini con frittata (Seite 31)
Panini alle uova con salsa verde (Seite 52)
Panini vegetariani (Seite 59)
Toast con rucola e formaggi (Seite 71)

Grundrezept Panini

Panini sollten ruhig schön locker sein, damit sie nicht zu mächtig werden. Der Teig verlangt also nach etwas mehr Hefe als der für anderes Weißbrot.

25 g frische Hefe in gut $^1/_4$ l lauwarmer Flüssigkeit (am besten Wasser und Milch gemischt) anrühren und mit 2 – 3 Eßl. Mehl (ingesamt braucht man 500 g) mischen. 20 Min. gehen lassen, dann das übrige Mehl und 1 Teel. Salz untermischen. Den Teig etwa 1 Std. zugedeckt an einem warmen Ort gehen lassen, bis er sein Volumen mindestens verdoppelt hat. Noch einmal durchkneten, dabei nach Wunsch einige Kräuter (z. B. grob gehackte Rosmarinnadeln) oder entsteinte schwarze Oliven oder auch abgetropfte Kapern untermischen. Den Teig in 8 Stücke teilen und zu länglichen, eher flachen Brötchen formen. Diese nebeneinander auf ein geöltes Backblech legen und nochmals 20 Min. gehen lassen. Den Backofen auf 200° (Umluft 180°) vorheizen. Die Brötchen der Länge nach einkerben und mit lauwarmem Wasser bepinseln. Im heißen Ofen (Mitte) etwa 30 Min. backen, abkühlen lassen.

Panini rustici

mit Tomaten und Schinken

Zutaten für 4 Stück
250 g Mozzarella (am besten vom Büffel) • 4 feste
Tomaten • 4 Sandwichbrötchen • Butter zum Bestreichen • 8 Scheiben roher Schinken (am besten San
Daniele oder auch Bresaola) • Salz • 1–2 Teel.
gemischte getrocknete Kräuter

Zeit: etwa 10 Min.
555 kcal pro Stück

Den Mozzarella abtropfen lassen und in dünne Scheiben
schneiden. Die Tomaten waschen und ebenfalls in dünne Scheiben schneiden, dabei von den Stielansätzen
befreien.

Die Sandwichbrötchen der Länge nach durchschneiden,
mit Butter bestreichen und mit dem Schinken belegen.
Die Tomaten- und Mozzarellascheiben dachziegelartig
und abwechselnd auf den Schinken legen, leicht salzen.
Die Kräuter rebeln und darauf streuen. Die Brote zusammenklappen und servieren.

Tip
Noch würziger schmecken die Panini, wenn man sie in
Klarsichtfolie wickelt und 1–2 Std. im Kühlschrank durch-
ziehen läßt.

Panini con salame e finocchio

mit Salami und Fenchel (im Bild)

Zutaten für 4 Stück
1 junge Fenchelknolle (etwa 300 g) • 1 Teel. Fenchelsamen • 1 Eßl. Zitronensaft • 2 Eßl. kaltgepreßtes
Olivenöl • Salz • schwarzer Pfeffer • 1 feste Fleischtomate • 1 kleines Bund Rucola • 4 Sandwichbrötchen •
Butter nach Belieben • 100 g Salami in dünnen
Scheiben (am besten Fenchelsalami aus der Toskana)

Zeit: etwa 25 Min. (+ 1 Std. Marinierzeit)
320 kcal pro Stück

Den Fenchel waschen und putzen, das zarte Grün abschneiden und fein hacken. Fenchel längs vierteln und
den Strunk herausschneiden. Fenchelviertel auf dem
Gurkenhobel sehr fein hobeln.

Die Fenchelsamen im Mörser zerstoßen, mit Zitronensaft, Olivenöl, Salz und Pfeffer verrühren. Mit dem
Fenchel und dem Fenchelgrün mischen und mindestens
1 Std. bei Zimmertemperatur zugedeckt ziehen lassen.

Dann die Tomate waschen und in sehr dünne Scheiben
schneiden. Rucola waschen und trockenschwenken, die
groben Stiele entfernen.

Die Brötchen halbieren und nach Wunsch mit Butter be-
streichen. Brötchen zuerst mit Rucola, dann mit Salami,
Tomate (diese leicht salzen) und Fenchel belegen.
Zusammenklappen und servieren.

Panini alle melanzane

mit Auberginencreme und Roastbeef

Zutaten für 4 Stück
2 kleinere Auberginen (etwa 500 g) • 4 Eßl. kaltgepreßtes Olivenöl • 1 Eßl. Zitronensaft • 2–3 Knoblauchzehen • Salz • schwarzer Pfeffer • 2 Frühlingszwiebeln • 1 feste Tomate • 1 Eßl. Pinienkerne • 4 schöne Salatblätter • 4 Sandwichbrötchen • 8 Scheiben Roastbeef

Zeit: etwa 30 Min. (+ 40 Min. Backzeit)
310 kcal pro Stück

Den Backofen auf 220° vorheizen. Die Auberginen waschen, auf einem Backblech im Ofen (Mitte, Umluft 200°) etwa 40 Min. backen, bis sie weich sind und die Haut dunkel ist.

Auberginen etwas abkühlen lassen, dann der Länge nach aufschneiden und das weiche Fruchtfleisch mit einem Löffel aus den Schalen kratzen. Fruchtfleisch würfeln und in einem sauberen Küchentuch gut auspressen. Mit dem Olivenöl und dem Zitronensaft fein pürieren. Den Knoblauch schälen und dazupressen, salzen und pfeffern.

Frühlingszwiebeln putzen, waschen und in sehr feine Ringe schneiden. Tomate waschen und in sehr dünne Scheiben schneiden. Pinienkerne ohne Fett bei mittlerer Hitze goldgelb rösten. Salat waschen und trockenschwenken, dicke Blattrippen herausschneiden.

Die Brötchen der Länge nach aufschneiden, mit Salat belegen und mit Auberginencreme bestreichen. Mit Roastbeef und Tomaten belegen und mit Frühlingszwiebeln und Pinienkernen bestreuen, zusammenklappen.

Panini con prosciutto e pera

mit Schinken, Birne und Pilzen (im Bild)

Zutaten für 4 Stück
150 g sehr frische Champignons (oder Egerlinge) • $1/2$ Bund Rucola (oder Basilikum) • 1 Stück unbehandelte Zitronenschale • 1 Eßl. Zitronensaft • 2 Eßl. kaltgepreßtes Olivenöl • Salz • schwarzer Pfeffer • 1 saftige Birne (etwa 190 g) • 4 Sandwichbrötchen • 125 g roher Schinken in sehr dünnen Scheiben • 1 Stück Parmesan (etwa 50 g)

Zeit: etwa 25 Min. (+ 30 Min. Marinierzeit)
365 kcal pro Stück

Die Pilze mit Küchenpapier sauber abreiben und von den Stielenden befreien. Rucola waschen, trockentupfen und von den Stielen befreien, dann fein hacken. Zitronenschale in feine Streifen schneiden.

Die Pilze in hauchdünne Scheiben schneiden und mit Rucola, Zitronenschale und -saft sowie dem Öl mischen. Mit Salz und Pfeffer abschmecken und zugedeckt etwa 30 Min. im Kühlschrank marinieren.

Die Birne waschen oder schälen und vierteln. Vom Kerngehäuse befreien und in feine Scheiben schneiden.

Die Sandwichbrötchen halbieren und mit Schinken und Birnen belegen. Pilze nochmals durchrühren und darauf verteilen. Parmesan in Spänen darüber hobeln. Brötchen zusammenklappen und rasch servieren.

Pan bagnat

»Gebadetes Brot«

Zutaten für 2 Stück
1 milde weiße Zwiebel • 1 Dose Thunfisch im eigenen
Saft (150 g) • 4–8 Blätter Kopfsalat (je nach Größe) •
12 schwarze Oliven • 2 feste, aber reife Tomaten • 1 Teel.
scharfer Senf • 1 Eßl. Rotweinessig • 5–6 Eßl. kaltgepreßtes Olivenöl • Salz • schwarzer Pfeffer • 2 große
Bauernsemmeln (oder Baguettebrötchen)

Zeit: 10–15 Min. (+ 1 Std. Kühlzeit)
600 kcal pro Stück

Die Zwiebel schälen, halbieren und in möglichst feine
Streifen schneiden. Thunfisch abtropfen lassen und zer-
pflücken. Kopfsalat waschen, trockentupfen und in feine
Streifen schneiden. Oliven nach Wunsch entsteinen.
Tomaten waschen und in sehr feine Scheiben schneiden.

Den Senf mit dem Essig verrühren. Das Olivenöl mit
einer Gabel unterschlagen, bis eine cremige Sauce ent-
standen ist.

Zwiebel, Thunfisch, Salat und Oliven mit der Sauce mischen
und mit Salz und Pfeffer abschmecken. Brötchen halbieren,
die Tomaten auf den unteren Hälften verteilen und dick mit
Salatmischung bedecken.

Die Brötchen zusammenklappen, in Klarsichtfolie wickeln
und mindestens 1 Std. im Kühlschrank ziehen lassen.

Tip
Bei kleineren Brötchen reicht die Thunfischmischung für
3–4 Stück.

Panini alla milanese

mit Schnitzel und Kräuter-Kapern-Sauce (im Bild)

Zutaten für 4 Stück
4 dünne Kalbsschnitzel (je etwa 100 g) • Salz • Pfeffer •
2 Eßl. Mehl • 1 Ei • 80 g Semmelbrösel • 4 Eßl. Olivenöl • 1 Bund gemischte Kräuter (z. B. Basilikum, Petersilie und Rucola) • 2 Eßl. Kapern • 1 Tomate • 1 Spritzer
Tabascosauce • 1–2 Teel. Zitronensaft • 4 Sandwichbrötchen • Butter zum Bestreichen • 4 schöne Salatblätter

Zeit: etwa 40 Min.
435 kcal pro Stück

Die Kalbsschnitzel mit dem Handballen etwas flacher
drücken, mit Salz und Pfeffer würzen. Mehl, verquirl-
tes Ei und Semmelbrösel jeweils auf Teller verteilen.
Die Schnitzel nacheinander im Mehl, im Ei und in den
Semmelbröseln wenden.

In einer (möglichst beschichteten) Pfanne 1–2 Eßl.
Öl erhitzen. Die Schnitzel darin bei mittlerer Hitze pro
Seite etwa 2 Min. braten und abkühlen lassen.

Kräuter waschen, von den groben Stielen befreien und
grob zerkleinern. Mit dem übrigen Öl und den Kapern
mit dem Pürierstab fein zerkleinern. Die Tomate waschen,
sehr fein würfeln und untermischen. Die Sauce mit Salz,
Tabasco und Zitronensaft abschmecken.

Die Brötchen halbieren, mit etwas Butter bestreichen.
Salatblätter waschen, trockenschwenken und die dicken
Blattrippen flacher schneiden. Auf die unteren Brötchenhälften verteilen. Jeweils 1 Schnitzel darauf legen
und mit Kräutersauce beträufeln. Zusammenklappen
und möglichst rasch servieren.

Panini alle uova con salsa verde

mit Käse, Ei und grüner Sauce (im Bild)

Zutaten für 4 Stück
2 Eier • 1 Stange Staudensellerie • 1 Bund Petersilie •
$1/2$ Bund Basilikum • 1–2 Eßl. Kapern • 1 Sardellen-
filet in Öl nach Belieben • 3 Eßl. kaltgepreßtes Olivenöl •
2–3 Teel. Zitronensaft • Salz • schwarzer Pfeffer •
4 schöne Salatblätter • 4 Sandwichbrötchen (oder
2 Ciabatta) • Butter nach Belieben • 8–12 Scheiben
mittelalter Käse (Pecorino, Provolone oder Fontina)

Zeit: etwa 25 Min.
455 kcal pro Stück

Die Eier in 10 Min. hart kochen, kalt abschrecken und
abkühlen lassen.

Inzwischen Sellerie waschen, putzen und grob hacken.
Petersilie und Basilikum waschen, trockenschwenken
und die Blättchen abzupfen.

Sellerie mit Kräutern, Kapern und eventuell der Sardelle
mit dem Wiegemesser sehr fein hacken. Mit Öl und
Zitronensaft mit einer Gabel zu einer cremigen Sauce
verschlagen und mit Salz und Pfeffer abschmecken.

Die Salatblätter waschen und trockentupfen, dicke Blattrippen flacher schneiden. Brötchen halbieren, aufschneiden und nach Wunsch mit Butter bestreichen. Eier schälen und in dünne Scheiben schneiden. Käse entrinden.

Die Brötchen mit Salatblättern belegen, mit etwas grüner
Sauce beträufeln. Mit Käse und Eischeiben belegen und
mit der übrigen Sauce bedecken. Zusammenklappen.

Panini ai pomodori grigliati con tonno

mit gegrillten Tomaten und Thunfisch

Zutaten für 4 Stück
6 kleinere Tomaten • 2 Knoblauchzehen • $1/2$ Bund
Basilikum • 1 Eßl. kaltgepreßtes Olivenöl • Salz •
schwarzer Pfeffer • 1 Dose Thunfisch im eigenen Saft
(150 g) • 1 milde rote Zwiebel • 2 Eßl. Crème fraîche •
1 Eßl. Kapern • 2 Teel. Zitronensaft • 2 Ciabattabrötchen •
4 schöne Salatblätter

Zeit: etwa 35 Min.
195 kcal pro Stück

Die Tomaten waschen und quer halbieren, aus den oberen
Hälften die Stielansätze keilförmig herausschneiden. Die
Tomaten mit den Schnittflächen nach oben in eine feuer-
feste Form setzen. Den Backofengrill anheizen. Knoblauch
schälen und durch die Presse drücken. Basilikum waschen
und die Blättchen in Streifen schneiden.

Knoblauch, Basilikum und Öl mit Salz und Pfeffer mischen
und auf die Tomaten streichen. Die Tomaten unter dem
heißen Grill etwa 8 Min. grillen, bis sie leicht gebräunt
sind. Abkühlen lassen.

Thunfisch abtropfen lassen und fein zerpflücken. Die
Zwiebel schälen, vierteln und in feine Streifen schneiden.
Thunfisch, Zwiebel, Crème fraîche und Kapern mischen
und mit Zitronensaft, Salz und Pfeffer abschmecken.

Brötchen halbieren und aufschneiden. Salatblätter waschen,
dicke Blattrippen flacher schneiden. Brötchen mit je
1 Salatblatt und 3 Tomatenhälften belegen, Thunfischmasse darauf verteilen. Obere Hälften auflegen.

Panini con pollo ed arancia

mit Huhn, Orange und Olivencreme (im Bild)

Zutaten für 4 Stück
2 Hühnerbrustfilets (à etwa 150 g) • 2 Zweige Rosmarin •
1 Knoblauchzehe • 1 Teel. Zitronensaft • Salz • weißer
Pfeffer • 2 unbehandelte Orangen • 2 Eßl. Olivenöl •
100 g schwarze Oliven • 100 g Crème fraîche • 4 Salatblätter • 4 Sandwichbrötchen

Zeit: etwa 35 Min.
470 kcal pro Stück

Fleisch kalt waschen und trockentupfen. Rosmarin sehr fein
hacken. Knoblauch schälen und dazupressen. Zitronensaft,
Salz und Pfeffer untermischen, Fleisch damit einreiben.

Orangen waschen. Die Schale von 1 Orange abreiben.
$1/2$ Orange auspressen, die restlichen Orangen schälen
und filetieren.

Das Öl in einer Pfanne erhitzen. Die Hühnerbrüstchen bei
mittlerer Hitze rundherum etwa 8 Min. braten. Orangensaft
und -schale dazugeben und die Brüstchen unter ständigem
Wenden 2–3 Min. braten, bis der Saft verdampft ist.

Huhn abkühlen lassen. Die Oliven entsteinen und fein
hacken. Mit der Crème fraîche verrühren und mit Pfeffer
und eventuell etwas Salz abschmecken.

Salatblätter waschen und trockenschwenken. Brötchen
längs halbieren. Brötchen mit je 1 Salatblatt belegen.
Hühnerbrüstchen in feine Scheiben schneiden und mit
den Orangenfilets und Olivencreme auf dem Salat verteilen. Brötchendeckel darauf klappen.

Panini al formaggio fresco

mit Frischkäsecreme und Chicorée

Zutaten für 4 Stück
1 Stück Rettich (etwa 150 g) • Salz • 1 Kästchen Garten-
kresse • 2 Scheiben gekochter oder roher Schinken •
200 g Frischkäse • 2 Eßl. saure Sahne • $1/2$ Teel.
gemahlener Kümmel • 1 Staude Chicorée (am besten
roter) • 4 Sandwichbrötchen • Butter nach Belieben

Zeit: etwa 25 Min.
360 kcal pro Stück

Den Rettich schälen und auf der Rohkostreibe fein ras-
peln. Mit Salz bestreuen und kurz ziehen lassen.

Inzwischen die Kresse vom Beet schneiden. Den Schinken sehr fein würfeln.

Den Rettich abtropfen lassen, mit Frischkäse, saurer
Sahne, Kresse und Schinken mischen und mit Salz und
Kümmel abschmecken. Chicorée in die einzelnen Blätter
zerteilen, waschen und trockentupfen.

Die Sandwichbrötchen halbieren und nach Wunsch mit
Butter bestreichen. Mit Chicoréeblättern belegen und
mit Frischkäsecreme bestreichen. Zusammenklappen
und servieren oder bis zum Servieren in den Kühlschrank stellen.

Varianten
Genauso gut schmecken die Panini mit würzigem gewürfel-
tem Hartkäse (z. B. Bergkäse, Provolone oder Pecorino)
statt Schinken. Statt Chicorée paßt gut Radicchio.

Panini festivi

mit Entenbrust und Feigen (im Bild)

Zutaten für 4 Stück
1 Entenbrust (etwa 350 g) • Salz • schwarzer Pfeffer •
1 Eßl. Öl • 50 ml Portwein (oder Geflügelbrühe) • 4 frische Feigen • 8 Kirschtomaten • 4 schöne Salatblätter •
8 Blättchen Zitronenmelisse • 100 g Crème fraîche •
1 Msp. Senf • Schale und Saft von $1/2$ unbehandelte
Zitrone • 4 Sandwichbrötchen • Butter nach Belieben

Zeit: etwa 35 Min.
520 kcal pro Stück

Entenbrust rundherum salzen und pfeffern. Öl in einer
Pfanne erhitzen. Entenbrust auf der Hautseite bei mittlerer Hitze etwa 7 Min. braten, wenden und weitere 7 Min.
braten. Portwein angießen und die Entenbrust unter
mehrmaligem Wenden etwa 5 Min. braten, bis der Portwein verdampft ist. Dann aus der Pfanne nehmen und
abkühlen lassen. Feigen waschen und vierteln, eventuell
auch schälen. Tomaten waschen und halbieren. Salat
waschen und trockenschwenken, die dicken Blattrippen
flacher schneiden. Zitronenmelisse waschen und grob
zerzupfen.

Crème fraîche mit Senf, Zitronenmelisse, Zitronenschale
und -saft verrühren und mit Salz und Pfeffer abschmekken. Entenbrust in feine Scheiben schneiden.

Brötchen halbieren, nach Wunsch buttern. Untere Hälften mit Salatblättern auslegen, mit Enten, Feigen und
Tomaten belegen. Sauce darüber träufeln, Brötchen
zusammenklappen und servieren.

Panini con verdure e prosciutto crudo

mit marinierten Paprika, Artischocken und Schinken

Zutaten für 4 Stück
je 1 rote und gelbe Paprikaschote • 2 Knoblauchzehen •
1 Eßl. Zitronensaft • 2 Eßl. kaltgepreßtes Olivenöl •
Salz • schwarzer Pfeffer • 4 eingelegte Artischockenherzen • 4 Radicchioblätter • 4 Krusties, Bauernsemmeln oder Sandwichbrötchen • Butter nach
Belieben • 100 g San Daniele-Schinken (oder anderer
geräucherter Schinken) in hauchdünnen Scheiben

Zeit: etwa 40 Min. (+ 4 Std. Marinierzeit)
330 kcal pro Stück

Den Backofen auf 250° (Umluft 230°) vorheizen. Die Paprikaschoten waschen, halbieren und putzen. Mit den
Schnittflächen nach unten auf ein Backblech legen und
im heißen Ofen (Mitte) 15 – 20 Min. backen, bis die Haut
Blasen wirft.

Die Schoten kurz abkühlen lassen, dann häuten und in
Streifen schneiden. Knoblauch schälen und fein hacken.
Mit Zitronensaft, Öl, Salz und Pfeffer verrühren. Paprikasud vom Backblech untermischen. Paprikastreifen mit
der Marinade vermengen und etwa 4 Std. stehenlassen.

Artischocken in Scheiben schneiden. Radicchio waschen
und trockentupfen, dicke Blattrippen flacher schneiden.

Die Brötchen halbieren und nach Wunsch mit Butter
bestreichen. Radicchio auf die unteren Hälften legen
und mit Schinken, Artischocken und Paprika belegen.
Zusammenklappen und servieren.

Panini con polpettine di pesce

mit Gemüse-Fisch-Pflänzchen (im Bild)

Zutaten für 4 Stück
2 Frühlingszwiebeln • 1 Möhre • 1 Stück Zucchino (etwa 100 g) • 2 Knoblauchzehen • 250 g Kabeljau, Seelachs oder Rotbarsch • $\frac{1}{2}$ unbehandelte Zitrone • 1 Ei • 4 Eßl. Semmelbrösel • Salz • frisch geriebene Muskatnuß • 2 Eßl. Öl • 50 g Mayonnaise (Rezept Seite 31) • 75 g saure Sahne • einige Tropfen Tabascosauce • 1 Tomate • 4 schöne Salatblätter • 4 Sandwichbrötchen

Zeit: etwa 40 Min.
385 kcal pro Stück

Das Gemüse putzen, waschen oder schälen und fein reiben. Knoblauch schälen und dazupressen. Den Fisch kalt abspülen, trockentupfen und sehr fein hacken. Zitronenhälfte waschen, die Schale fein abreiben.

Fisch mit Gemüse, Zitronenschale, Ei und Semmelbröseln verkneten und mit Salz und Muskat abschmecken. Zu 8 flachen Pflänzchen formen. Öl in einer Pfanne erhitzen, die Pflänzchen darin bei mittlerer Hitze pro Seite 4–5 Min. braten. Herausnehmen und abkühlen lassen.

Zitrone auspressen. Mayonnaise, saure Sahne, Salz, Zitronensaft und Tabasco verrühren. Tomate waschen und in Scheiben schneiden. Salat waschen und trockentupfen, dicke Blattrippen flacher schneiden.

Die Sandwichbrötchen halbieren und die unteren Hälften mit Salatblättern auslegen. Jeweils 2 Fischpflänzchen darauf legen und mit Mayonnaise beträufeln. Tomaten und die oberen Brötchenhälften darauf legen.

Panini vegetariani

mit gegrilltem Gemüse und Kräutercreme

Zutaten für 4 Stück
1 rote Paprikaschote • 1 junger kleiner Zucchino • 1 Bund Frühlingszwiebeln • 1 kleine Fenchelknolle • 100 g Champignons (oder Egerlinge) • 2 Eßl. Olivenöl • Salz • schwarzer Pfeffer • je einige Zweige Petersilie, Basilikum, Zitronenmelisse und Thymian • 100 g Crème fraîche • 50 g Joghurt (oder saure Sahne) • 2 Knoblauchzehen • 2 Teel. Zitronensaft • einige Tropfen Tabascosauce • 4 schöne Salatblätter • 4 Ciabattabrötchen

Zeit: etwa 45 Min.
300 kcal pro Stück

Alle Gemüse waschen und putzen. Paprika halbieren und in 1 cm breite Stücke schneiden. Zucchino längs in $\frac{1}{2}$ cm dicke Scheiben schneiden, diese dritteln. Frühlingszwiebeln längs vierteln. Fenchel längs halbieren, quer zur Faser in dünne Scheiben schneiden. Pilze putzen, vom Stielende befreien und vierteln.

Den Backofengrill anheizen. Gemüse mit Öl, Salz und Pfeffer mischen und auf dem Backblech verteilen. In etwa 10 Min. bißfest grillen. Dabei mehrmals wenden.

Kräuter waschen, fein hacken und mit Crème fraîche und Joghurt mischen. Knoblauch schälen und dazudrücken, mit Zitronensaft, Salz und Tabasco abschmecken.

Die Salatblätter waschen und trockenschwenken, dicke Blattrippen flacher schneiden. Brötchen halbieren, untere Hälften mit Salatblättern belegen. Lauwarmes Gemüse darauf verteilen und mit Kräutercreme beträufeln. Obere Brötchenhälften darauf klappen.

Ganz heiß

Überbackene Brote

Frisch aus dem Toaster ist ein heißes, verführerisch duftendes Sandwich ein feiner Imbiß, eine willkommene Zwischenmahlzeit oder auch einmal Mittelpunkt einer Sandwich-Party.

Grill, Pfanne oder Toaster?

In einem Sandwichtoaster werden die gefüllten Brotscheiben ganz einfach getoastet. In die meisten Geräte passen zwar nur zwei Toasts, sie sind aber so schnell fertig, daß man sie gut nacheinander toasten kann. Der Toaster drückt die Brotscheiben so fest zusammen, daß die Füllung gut drin bleibt.

Aber auch ohne dieses Elektrogerät müssen Sie nicht auf heiße Brote verzichten.

• Heizen Sie den Backofengrill auf höchste Stufe vor und legen die Toasts nebeneinander auf den Rost (ein Backblech mit einschieben, falls Käse heruntertropft). Dann relativ dicht unter den Grillschlangen einschieben und etwa 2 Min. grillen, bis die Brote goldbraun werden (immer beobachten, das geht schnell). Wenden, mit einem Pfannenwender gut zusammendrücken und nochmals etwa 2 Min. grillen. Die Toasts bleiben saftig, werden aber nicht so heiß wie im Toaster.

Die Temperaturstufen bei Gasherden variieren von Hersteller zu Hersteller. Welche Stufe Ihres Herdes der jeweils angegebenen Temperatur entspricht, entnehmen Sie bitte der Gebrauchsanweisung.

• Oder eine gerillte Grillpfanne auf der Herdplatte heiß werden lassen, die Sandwichtoasts darin von beiden Seiten braten, bis sie heiß sind und braune Rillen haben. Dabei auch immer wieder mit dem Pfannenwender zusammendrücken. Heiß servieren.

• Und zu guter Letzt: Auf dem Raclettegrill oder heißen Stein lassen sich die Brote ebenfalls gut zubereiten. Und das ist jetzt schon wieder eine Partyidee!

Achtung, heiß!

Damit sich niemand die Finger verbrennt oder nach Genuß des Toasts einige Käsespuren auf der Kleidung wiederfindet, sollten Sie die heißen Toasts an einer Seite mit einer doppelt gefalteten Papierserviette umlegen und so reichen.

Einfach schmelzend

Eine besondere Rolle kommt in diesem Kapitel dem Käse zu, denn er sollte in kurzer Zeit cremig schmelzen, aber nicht zu sehr zerlaufen.

- **Fontina** kommt aus dem italienischen Aostatal und ist ein würziger, leicht süßlicher Käse, der sehr leicht schmilzt. Ersetzen können Sie ihn am besten durch Raclettekäse.
- **Gorgonzola** ist ein Blauschimmelkäse aus Norditalien. In guten Käsegeschäften gibt es ihn in zwei Geschmacksrichtungen: »dolce«, also eher mild, und »piccante«, also sehr würzig. Sie können beide verwenden. Auch andere Blauschimmelkäse wie Bavariablu sind gut geeignet.
- **Mozzarella** ist auf der Pizza die No. 1 und hat dabei zur Genüge bewiesen, daß er cremig schmelzen kann. Mozzarella zählt zu den sogenannten Brühkäsen und wurde ursprünglich in Süditalien nur aus Büffelkuhmilch hergestellt. Inzwischen bekommt man hauptsächlich Kuhmilch-Mozzarella. Wird Büffel-Mozzarella (»Mozzarella di bufala«) angeboten, greifen Sie zu, denn vor allem roh ist er seinem Kuhverwandten haushoch überlegen.
- **Provolone** ist ebenfalls ein Brühkäse, wird aber meist gereift und fest, manchmal sogar geräuchert, verkauft. Der Käse schmeckt jung mild und gereift pikant. Soll er schmelzen, nehmen Sie einen nicht zu alten, z. B. einen 2–3 Monate alten.
- **Taleggio** stammt aus der Lombardei und ist ein würziger halbfester Käse, den es in vielen Varianten gibt. Zum Schneiden tauchen Sie die Messerklinge am besten in lauwarmes Wasser, damit der Käse nicht am Messer klebenbleibt.

Laden Sie zur Sandwichparty

Kennen Sie jemanden, der auch einen Sandwichtoaster zu Hause hat? Oder sogar zwei? Dann laden Sie die beiden mitsamt ihren Geräten zur Party ein!

Je nachdem, wieviele Gäste Sie sonst noch erwarten, können Sie außer den Zutaten für die Rezepte in diesem Buch (in entsprechend höherer Menge) noch folgendes einkaufen:
- zarte Gemüse wie Zucchini, Pilze, Paprikaschoten, jungen Spinat, Frühlingszwiebeln und zarte Möhren – alle werden übrigens in feine Scheiben oder Streifen geschnitten;
- verschiedene Käsesorten: einen Hartkäse wie Pecorino oder Provolone, einen Edelpilzkäse wie Roquefort oder Gorgonzola und einen milden wie Mozzarella – die werden alle auch in dünne Scheiben geschnitten;
- Schinken, roh und gekocht;
- Sardellen, Kapern, frische Kräuterblättchen, Peperoncini, getrocknete Tomaten in Öl, Artischockenherzen in Öl.

Wenn alle Gäste da sind: Jeder nimmt sich etwas Käse und Gemüse, dazu Schinken, Sardellen, Kapern oder sonst eine würzige Zutat, legt sie zwischen zwei Toastscheiben und bäckt das ganze im Sandwichtoaster.

Und das schmeckt als Begleitung: eine große Schüssel bunt gemischter Salat oder einfach nur Tomaten, Gurken und Radieschen, hübsch in Schälchen angerichtet. Oder kleine Essiggurken und eingelegte Zwiebeln.

Als Getränk passen Mineralwasser, ein trockener Rotwein (z. B. ein Montepulciano d'Abruzzo) oder ein kühles Bier.

Crostini gratinati con cipolle e speck

mit Zwiebeln und Speck (im Bild)

Zutaten für 12 Stück
2 Zwiebeln • 75 g Bacon (Frühstücksspeck in dünnen Scheiben) • 1 Eßl. Öl • 2 Eßl. Crème fraîche • schwarzer Pfeffer • eventuell Salz • 12 dünne Scheiben Weißbrot

Zeit: etwa 25 Min.
100 kcal pro Stück

Die Zwiebeln schälen, vierteln und in feine Streifen schneiden. Den Speck ebenfalls in Streifen schneiden.

Das Öl in einer Pfanne erhitzen, Speck darin unter Rühren bei mittlerer Hitze ausbraten. Die Zwiebeln unter gelegentlichem Rühren etwa 5 Min. mitbraten, bis sie leicht gebräunt sind.

Den Backofen auf 250° (Umluft 230°) vorheizen. Die Speck-Zwiebel-Mischung etwas abkühlen lassen, mit der Crème fraîche mischen und mit Pfeffer und vorsichtig mit Salz abschmecken.

Die Brotscheiben auf ein Backblech legen und die Speckmischung darauf verteilen. Brote im heißen Ofen (Mitte) 5–6 Min. rösten, bis sie knusprig und heiß sind. Sofort servieren. Zu den Broten paßt besonders gut ein kräftiger Rotwein.

Bruschette gratinate

mit Tomaten, Pilzen und Käse

Zutaten für 4–8 Stück
200 g Kirschtomaten • 100 g Champignons • 4 getrocknete, in Öl eingelegte Tomaten • 1 Knoblauchzehe • 1 Bund Basilikum • nach Belieben 2–4 Sardellenfilets in Öl • Pfeffer • Salz • 100 g junger Pecorino (oder Provolone) • 4 große oder 8 kleinere Scheiben Brot (z. B. Bauernbrot oder Mischbrot)

Zeit: etwa 30 Min.
Bei 8 Stück 120 kcal pro Stück

Die Tomaten waschen und vierteln. Die Pilze mit Küchenpapier sauber abreiben und von den Stielenden befreien, dann in feine Scheiben schneiden. Die getrockneten Tomaten abtropfen lassen und in Streifen teilen. Den Knoblauch schälen und fein hacken. Die Basilikumblättchen abzupfen, mit Küchenpapier abreiben und in Streifen schneiden.

Gegebenenfalls die Sardellen in kleine Stücke schneiden. Alle Zutaten mischen und mit Pfeffer und Salz (vorsichtig!) abschmecken.

Den Backofen auf 230° (Umluft 210°) vorheizen. Den Käse von der Rinde befreien und sehr klein würfeln.

Die Brote mit der Tomatenmischung bedecken, mit Käsewürfeln bestreuen und auf ein Backblech legen. Im heißen Ofen (Mitte) 8–10 Min. backen, bis sie gebräunt und knusprig sind.

Crostini al carne cruda

mit Tatar

Zutaten für 12 Stück
2 Teel. kleine Kapern • 1 kleine Essiggurke • 1 kleine rote Zwiebel • 2 Sardellenfilets in Öl • 250 g sehr frisches Rindfleisch-Tatar • 1 Eigelb • 1 Teel. scharfer Senf • Salz • schwarzer Pfeffer • 2 Eßl. Olivenöl • 12 dünne Scheiben Weißbrot

Zeit: etwa 15 Min.
95 kcal pro Person

Den Backofen auf 250° (Umluft 230°) vorheizen. Die Kapern und die Essiggurke fein hacken. Die Zwiebel schälen und sehr fein schneiden. Die Sardellenfilets abtropfen lassen und in kleine Stücke schneiden oder mit einer Gabel zerdrücken.

Tatar mit Kapern, Gurke, Sardellen, Zwiebel und Eigelb mischen und mit Senf, Salz und Pfeffer abschmecken. Öl untermischen und das Tatar auf die Brote verteilen.

Die Brote im heißen Ofen (Mitte) etwa 5 Min. backen, bis sie knusprig sind. Heiß servieren.

Tip
Die Crostini schmecken auch ungebacken. Aber sowohl das Fleisch wie auch das Eigelb müssen wegen der Salmonellengefahr ganz frisch sein.

Bruschette calde alle acciughe

mit Sardellenpaste (im Bild)

Zutaten für 12 Stück
40 g Sardellenfilets in Öl • 2–3 Knoblauchzehen • $1/2$ Bund Petersilie • 3 Eßl. Olivenöl • 3 Teel. Zitronensaft • schwarzer Pfeffer • 12 dünne Scheiben Weißbrot

Zeit: etwa 15 Min.
80 kcal pro Stück

Den Backofen auf 250° (Umluft 230°) vorheizen.

Die Sardellenfilets abtropfen lassen und kleinschneiden. Den Knoblauch schälen und durch die Presse drücken. Die Petersilie waschen und die Blättchen fein hacken. Sardellen, Knoblauch und Petersilie mit dem Öl im Mörser oder mit einer Gabel gut zermusen. Paste mit Zitronensaft und reichlich Pfeffer abschmecken.

Die Brotscheiben auf ein Backblech legen und mit der Sardellenpaste bestreichen. Im heißen Ofen (Mitte) etwa 5 Min. backen, bis sie schön heiß sind.

Variante
Wer möchte, legt zusätzlich jeweils 1 dünne Scheibe Mozzarella oder anderen milden Käse auf die Brotscheiben. Und: Die Brote schmecken ausgezeichnet zu grünen Bohnen, z. B. als Salat angemacht.

Crostini con cipolle

mit Zwiebeln und Käse

Zutaten für 12 Stück
350 g rote Zwiebeln • 2 Knoblauchzehen • 1 getrocknete Chilischote • 2 Eßl. Olivenöl • Salz • 2 Teel. Aceto
Balsamico • 100 g Fontina- oder Taleggiokäse •
12 dünne Scheiben Baguette • 1 Frühlingszwiebel

Zeit: etwa 35 Min.
95 kcal pro Stück

Die Zwiebeln schälen, halbieren und in feine Streifen
schneiden. Den Knoblauch schälen und fein hacken.
Die Chilischote im Mörser zerstoßen.

Das Öl in einer Pfanne erhitzen. Zwiebeln mit Chillie
darin bei mittlerer Hitze unter Rühren in etwa 10 Min.
weich und leicht braun dünsten. Knoblauch untermischen und kurz mitbraten.

Den Backofen auf 250° (Umluft 230°) vorheizen.
Zwiebeln etwas abkühlen lassen, dann mit Salz und
Essig abschmecken. Den Käse entrinden und in dünne
Scheiben oder kleine Würfel schneiden.

Die Zwiebelmasse auf den Brotscheiben verteilen, Käse
darübergeben und die Brote auf ein Backblech setzen.
Crostini im heißen Ofen (Mitte) etwa 5 Min. überbacken,
bis der Käse zerlaufen ist.

Inzwischen die Frühlingszwiebel waschen, putzen und
mit dem Grün fein hacken. Crostini mit Zwiebelgrün
bestreut servieren.

Crostini ai funghi porcini

mit Steinpilzen (im Bild)

Zutaten für 4 Stück
25 g getrocknete Steinpilze (oder 200 g frische Egerlinge) • 1 Bund Petersilie • 1 Knoblauchzehe • 2 Eßl.
Olivenöl • abgeriebene Schale und 1 – 2 Teel. Saft von
$1/_2$ unbehandelten Zitrone • Salz • schwarzer Pfeffer •
4 größere Scheiben Weißbrot • 125 g Mozzarella

Zeit: etwa 20 Min. (+ 30 Min. Quellzeit)
245 kcal pro Stück

Die Steinpilze in einer Schüssel mit lauwarmem Wasser
bedecken und etwa 30 Min. quellen lassen. Dann abtropfen lassen, größere Pilze etwas kleiner schneiden.

Die Petersilie waschen, trockenschwenken und die
Blättchen kleinschneiden. Knoblauch schälen und fein
hacken.

Das Öl in einer Pfanne erhitzen, Steinpilze darin bei
mittlerer Hitze 2 – 3 Min. unter gelegentlichem Rühren
dünsten. Petersilie, Knoblauch und 3 – 4 Eßl. Einweich-
flüssigkeit dazugeben, weitere 2 – 3 Min. dünsten.
Pilze mit Zitronenschale, -saft, Salz und Pfeffer abschmecken.

Backofen auf 250° (Umluft 230°) vorheizen. Pilze etwas
abkühlen lassen, dann auf den Brotscheiben verteilen
und auf ein Backblech legen. Mozzarella abtropfen lassen, in hauchdünne Scheiben schneiden und auf den
Pilzen verteilen. Brot im Ofen (Mitte) 5 – 6 Min. überbak-
ken, bis der Käse zerlaufen ist. Heiß servieren.

Toast con mortadella e mozzarella

Sandwichtoast mit Mortadella

Zutaten für 4 Stück
$1/2$ Bund Basilikum • einige Blättchen frische Zitronenmelisse • 1 Eßl. Kapern • 1 Eßl. Butter • $1/2$ Teel. abgeriebene unbehandelte Zitronenschale • 4 große dünne Scheiben Mortadella (60–80 g) • etwa 200 g Mozzarella (am besten vom Büffel) • schwarzer Pfeffer • 8 Scheiben Toast- oder Sandwichbrot

Zeit: etwa 15 Min.
300 kcal pro Stück

Das Basilikum und die Zitronenmelisse waschen und mit den Kapern fein hacken. Die Butter mit den Kräutern und der Zitronenschale verkneten.

Die Mortadella so zuschneiden, daß sie auf die Brote paßt. Den Mozzarella abtropfen lassen und in dünne Scheiben schneiden.

Die Hälfte der Brotscheiben mit der gewürzten Butter bestreichen, mit Mortadella und Mozzarella belegen und pfeffern. Die restlichen Brotscheiben darauf klappen.

Die Sandwichtoasts im Sandwichtoaster (Seite 62) 2–3 Min. braten, bis sie schön gebräunt und heiß sind. Heiß servieren.

Toast con rucola e formaggi

Sandwichtoast mit Rucola und Käse (im Bild)

Zutaten für 4 Stück
1 Bund Rucola • 2 Eßl. Schmand (oder Crème fraîche) • Salz • schwarzer Pfeffer • 1 Fleischtomate • je 50 g Gorgonzola, Pecorino und Fontina • 1 Eßl. Pinienkerne nach Belieben • 8 Scheiben Vollkorntoast (oder Sandwichtoast)

Zeit: etwa 20 Min.
275 kcal pro Stück

Den Rucola verlesen, in stehendem kaltem Wasser gründlich waschen und abtrocknen, dann fein hacken. Mit dem Schmand mischen und mit Salz und Pfeffer abschmecken.

Die Tomate waschen und in Würfel schneiden. Käse eventuell entrinden und sehr klein würfeln. Käse, Tomate und Pinienkerne mischen und pfeffern.

Die Hälfte der Brotscheiben mit der Rucolacreme bestreichen. Tomatenmischung darauf verteilen, dabei rundherum einen kleinen Rand freilassen. Übrige Brotscheiben darauf klappen.

Die Sandwichtoasts im Sandwichtoaster (Seite 62) 2–3 Min. braten, bis sie schön gebräunt und heiß sind. Heiß servieren.

Toast agli asparagi con provolone

Sandwichtoast mit Spargel und Provolone (im Bild)

Zutaten für 4 Stück
250 g grüner Spargel • Salz • 1 Prise Zucker • 1 Teel.
Kapern • 2 getrocknete, in Öl eingelegte Tomaten •
1 Eßl. Olivenöl • schwarzer Pfeffer • 8 Scheiben
Sandwichtoast • 8 dünne Scheiben Provolone-Käse

Zeit: etwa 35 Min.
290 kcal pro Person

Den Spargel waschen, die holzigen Enden abschneiden.
Spargel nur falls nötig am unteren Ende dünn schälen.
Wasser mit Salz und Zucker zum Kochen bringen.
Spargel darin in etwa 8 Min. zugedeckt bißfest kochen,
dann herausheben, kurz kalt abschrecken und abtropfen
lassen.

Den Spargel in etwa 1 cm lange Stücke schneiden.
Kapern und Tomaten abtropfen lassen und fein zerkleinern. Mit dem Olivenöl unter den Spargel mischen und
mit Salz und Pfeffer abschmecken.

Die Hälfte der Brotscheiben mit je 1 Scheibe Provolone
belegen, mit der Spargelmischung bedecken und mit
dem übrigen Käse belegen. Restliche Brotscheiben darauf klappen.

Die Sandwichtoasts im Sandwichtoaster (Seite 62)
2 – 3 Min. braten, bis sie schön gebräunt und heiß sind.
Heiß servieren.

Toast al formaggio

Sandwichtoast mit Käse-Kümmel-Creme

Zutaten für 4 Stück
140 g würziger Hartkäse (z.B. Pecorino, Greyerzer oder
Bergkäse) • 1 Bund Schnittlauch • 50 g Quark • 1 Teel.
Kümmelkörner • 1 Eßl. Walnuß- oder Sonnenblumen-
kerne • schwarzer Pfeffer • eventuell Salz • 1 junger
Zucchino • 8 Scheiben Toast- oder Sandwichbrot

Zeit: etwa 15 Min.
290 kcal pro Stück

Den Käse eventuell entrinden, dann fein reiben.
Schnittlauch waschen und in feine Röllchen schneiden.

Den Quark mit Käse, Schnittlauch und Kümmel mischen. Walnußkerne fein zerbrechen und unterrühren.
Sonnenblumenkerne ganz untermischen. Käsecreme
mit Pfeffer und eventuell Salz (vorsichtig, weil der Käse
salzig ist) abschmecken.

Den Zucchino waschen, putzen und in feine Scheiben
hobeln. Die Hälfte der Brotscheiben mit der Käsecreme
bestreichen und dachziegelartig mit Zucchinischeiben
belegen. Übrige Brote darüber klappen und leicht andrücken.

Die Brote im Sandwichtoaster (Seite 62) 3 – 4 Min. braten,
bis sie schön gebräunt und heiß sind. Heiß servieren.

Panini con funghi e spinaci

mit Pilzen und Spinat

Zutaten für 4 Stück
Salz • 400 g Blattspinat • 1/2 Bund Majoran • 1 Bund Frühlingszwiebeln • 200 g Champignons (oder Egerlinge) • 1 getrocknete Chilischote • abgeriebene Schale und Saft von 1/2 unbehandelten Zitrone • Salz • 125 g Mozzarella • 4 Sandwichbrötchen

Zeit: etwa 45 Min.
220 kcal pro Stück

Reichlich Salzwasser zum Kochen bringen. Spinat verlesen, in stehendem kaltem Wasser gründlich waschen. Majoran waschen und die Blättchen abzupfen. Spinat und Majoran im Wasser zusammenfallen lassen, in einem feinen Sieb kalt abschrecken und sehr gut abtropfen lassen.

Den Backofen auf 220° (Umluft 200°) vorheizen. Frühlingszwiebeln waschen, putzen und in feine Ringe schneiden. Pilze abreiben, von den Stielenden befreien und in feine Scheiben schneiden. Chilischote im Mörser fein zerstoßen.

Spinat, Frühlingszwiebeln, Pilze, Chillie, Zitronenschale und -saft mischen und mit Salz abschmecken. Mozzarella abtropfen lassen und fein würfeln.

Die Brötchen halbieren. Die Spinatmischung auf den unteren Hälften verteilen und mit Mozzarella bestreuen. Nebeneinander auf das Backblech legen. Obere Brötchenhälften mit der Schnittfläche nach unten daneben legen. Brötchen im heißen Ofen (Mitte) etwa 10 Min. backen, bis der Käse zerlaufen und leicht gebräunt ist. Brötchen zusammenklappen und heiß servieren.

Panini con ripieno di salsicce

mit Wurstfüllung (im Bild)

Zutaten für 8 Stück
1 große Fleischtomate • 1 Bund Basilikum • 2 rohe Schweinswürstchen (am besten italienische; etwa 250 g) • 2 Eßl. Ricotta (oder Quark) • 1 Teel. Fenchelsamen • Salz • schwarzer Pfeffer • 4 Brötchen (oder Kornspitz)

Zeit: etwa 20 Min.
160 kcal pro Stück

Den Backofen auf 230° (Umluft 210°) vorheizen. Die Tomate waschen und sehr fein würfeln, dabei den Stielansatz entfernen. Die Basilikumblättchen abzupfen, mit Küchenpapier abreiben und in Streifen schneiden. Die Wurst aus der Haut drücken.

Wurst mit Ricotta, Tomate und Basilikum mischen, mit Fenchelsamen, Salz und Pfeffer würzen. Vorsichtig salzen, denn die Würste sind meist schon salzig.

Die Brötchen halbieren und jeweils mit Wurstmasse bedecken. Panini nebeneinander auf ein Backblech legen und im heißen Ofen (Mitte) 8–10 Min. backen, bis sie knusprig sind. Heiß servieren.

Crostini piccanti al forno

Scharfe Auberginenbrote

Zutaten für 8 Stück
1 kleinere Aubergine (etwa 250 g) • 2 Knoblauchzehen • 1 Zwiebel • 4 Eßl. Olivenöl • 2–3 getrocknete Chilischoten • 1 Tomate • 2–4 Sardellenfilets in Öl • 1–2 Eßl. Kapern • 1/2 Bund Basilikum • Salz • schwarzer Pfeffer • 125 g Mozzarella • 4 größere Scheiben Weiß- oder Mischbrot

Zeit: etwa 35 Min.
160 kcal pro Stück

Die Aubergine waschen, putzen und in kleine Würfel schneiden. Knoblauch und Zwiebel schälen und fein würfeln.

Das Öl in einer Pfanne erhitzen. Aubergine darin rundherum bei mittlerer Hitze unter Rühren etwa 5 Min. braten. Chilischoten im Mörser fein zerstoßen, mit Zwiebel und Knoblauch kurz mitbraten. Vom Herd nehmen.

Den Backofen auf 250° (Umluft 230°) vorheizen. Stielansatz der Tomate entfernen. Tomate mit kochendem Wasser überbrühen, häuten und in kleine Würfel schneiden. Sardellen und Kapern fein hacken. Basilikumblättchen abzupfen und in feine Streifen schneiden.

Tomate, Sardellen, Kapern und Basilikum unter die Aubergine mischen und mit Salz und Pfeffer pikant abschmecken. Mozzarella in dünne Scheiben schneiden.

Die Brote halbieren, mit Auberginenmasse bedecken und nebeneinander auf ein Backblech legen. Mozzarella darauf verteilen. Brote im heißen Ofen (Mitte) etwa 5 Min. überbacken, bis der Käse zerlaufen ist. Heiß servieren.

Panini ripieni

Gefüllte Brötchen (im Bild)

Zutaten für 4 Stück
4 Sandwichbrötchen • 1 gelbe Paprikaschote • 1 Tomate • 1 Bund Rucola • 1/2 Bund Petersilie • 75 g gekochter Schinken • 100 g Gorgonzola • 100 g Ricotta • 2 Teel. Zitronensaft • Salz • Cayennepfeffer

Zeit: etwa 35 Min.
310 kcal pro Stück

Die Sandwichbrötchen an einer Seite anschneiden, die weiche Krume mit einer Gabel oder einem langstieligen Löffel vorsichtig herauslösen. Den Backofen auf 220° (Umluft 200°) vorheizen.

Die Paprikaschote waschen, halbieren, putzen und sehr klein würfeln. Die Tomate waschen und ohne Stielansatz ebenfalls fein zerkleinern. Rucola und Petersilie verlesen, gründlich waschen und ohne die groben Stiele fein hacken.

Den Schinken und den Gorgonzola klein würfeln, mit Paprika, Tomate, Kräutern und Ricotta verrühren und mit Zitronensaft, Salz und Pfeffer abschmecken. Die Masse mit dem Löffel in die ausgehöhlten Brötchen füllen.

Die Brötchen auf dem Backblech im heißen Ofen (Mitte) 10–12 Min. backen, bis sie schön knusprig sind.

Register

A
Artischockenherzen
  Panini con verdure e prosciutto crudo 57
  Tramezzini con frittata 31
Auberginen
  Crostini piccanti al forno 76
  Panini alle melanzane 48
Avocado
  Crostini con crema di avocado 18
  Tramezzini al pesce spada 36

B
Bacon: Crostini gratinati con cipolle e speck 65
Birne: Panini con prosciutto e pera 48
Bruschette agli asparagi 8
Bruschette agli scampi piccante 23
Bruschette agli zucchini marinati 10
Bruschette al pomodoro 8
Bruschette alla mozzarella marinata 17
Bruschette alla rucola con caprino 13
Bruschette alle acciughe marinate 21
Bruschette calde alle acciughe 66
Bruschette con pancetta 15
Bruschette gratinate 65
Bruschette vegetariani 10

C
Champignons
  Bruschette gratinate 65
  Panini con funghi e spinaci 74
  Panini con prosciutto e pera 48
  Panini vegetariani 59
Crostini agli sgombri 23
Crostini ai funghi porcini 69
Crostini al carne cruda 66
Crostini al tonno fresco 21
Crostini alla crema di olive 13
Crostini con cipolle 69
Crostini con crema di avocado 18
Crostini con crema di lenticchie 15
Crostini con fegatini e limone 17
Crostini con mousse di coniglio 18
Crostini gratinati con cipolle e speck 65
Crostini piccanti al forno 76

E
Eier: Tramezzini con uova e cetriolo 36
Entenbrust: Panini festivi 57

F
Feigen: Panini festivi 57
Fenchel
  Panini con salame e finocchio 47
  Panini vegetariani 59
Fisch: Panini con polpettine di pesce 59
Frischkäse: Panini al formaggio fresco 54

G
Garnelen
  Bruschette agli scampi piccante 23
  Tramezzini agli scampi 35
Grüne Sauce: Panini alle uova con salsa verde 52

H
Hühnerfleisch: Panini con pollo ed arancia 54
Hühnerlebern: Crostini con fegatini e limone 17

K
Kalbfleisch
  Tramezzini all'arosto 38
  Panini alla milanese 51
Kaninchenfleisch: Crostini con mousse di coniglio 18
Käse
  Toast agli asparagi con provolone 73
  Toast al formaggio 73
  Toast con rucola e formaggi 71
  Tramezzini alla crema di parmigiano 32

L
Linsen: Crostini con crema di lenticchie 15

M
Mayonnaise aus gekochten Eiern 31
Mayonnaise, klassisch 31
Mortadella: Toast con mortadella e mozzarella 71
Mozzarella
  Bruschette alla mozzarella marinata 17
  Crostini ai funghi porcini 69
  Crostini piccanti al forno 76
  Panini con funghi e spinaci 74
  Panini rustici 47
  Toast con mortadella e mozzarella 71
  Tramezzini al pesto di pomodori 28

O
Oliven
  Crostini alla crema di olive 13
  Pan bagnat 51
  Panini con pollo ed arancia 54

P
Pan bagnat 51
Pancetta: Bruschetta con pancetta 15
Panini (Grundrezept) 45
Panini ai pomodori grigliati con tonno 51
Panini al formaggio fresco 54
Panini alla milanese 51
Panini alle melanzane 48
Panini alle uova con salsa verde 52
Panini con funghi e spinaci 74
Panini con pollo ed arancia 54
Panini con polpettine di pesce 59
Panini con prosciutto e pera 48
Panini con ripieno di salsicce 74
Panini con salame e finocchio 47
Panini con verdure e prosciutto crudo 57
Panini festivi 57
Panini ripieni 76
Panini rustici 47
Panini vegetariani 59

R
Ricotta
  Panini ripieni 76
  Tramezzini al salame co basilico 38
  Tramezzini alla crema d prosciutto 40
  Tramezzini alla ricotta 2
Rucola
  Bruschette agli scampi piccante 23
  Bruschette alla rucola c caprino 13
  Panini con salame e finocchio 47
  Panini ripieni 76
  Toast con rucola e formaggi 71

S
Salami
  Tramezzini al salame co basilico 38
  Panini con salame e finocchio 47
Sandwichbrot (Grundrezept) 27

Impressum

Sardellenfilets
    Bruschette alle acciughe marinate 21
    Bruschette calde alle acciughe 66
    Crostini piccanti al forno 76

Schinken
    Panini con prosciutto e pera 48
    Panini con verdure e prosciutto crudo 57
    Panini ripieni 76
    Panini rustici 47
    Tramezzini alla crema di prosciutto 40

Schweinswürstchen: Panini con ripieno di salsicce 74
Schwertfisch: Tramezzini al pesce spada 36

Spargel
    Bruschette agli asparagi 8
    Bruschette vegetariani 10
    Toast agli asparagi con provolone 73

Spinat
    Panini con funghi e spinaci 74
    Tramezzini al pesto di pomodori 28

Steinpilze, getrocknet: Crostini ai funghi porcini 69

T
Thunfisch
    Crostini al tonno fresco 21
    Pan bagnat 51
    Panini ai pomodori grigliati con tonno 51
    Tramezzini al tonno 35

Toast agli asparagi con provolone 73
Toast al formaggio 73
Toast con mortadella e mozzarella 71
Toast con rucola e formaggi 71

Tomaten
    Bruschette al pomodoro 8
    Bruschette gratinate 65

Bruschette vegetariani 10
Panini ai pomodori grigliati con tonno 51
Panini rustici 47
Tramezzini agli scampi 35
Tramezzini al pesto di pomodori 28
Tramezzini alla crema di parmigiano 32
Tramezzini agli scampi 35
Tramezzini al pesce spada 36
Tramezzini al pesto di pomodori 28
Tramezzini al salame con basilico 38
Tramezzini al tonno 35
Tramezzini all'arosto 38
Tramezzini alla crema di parmigiano 32
Tramezzini alla crema di prosciutto 40
Tramezzini alla ricotta 28
Tramezzini alle cipolle grigliate 40
Tramezzini con frittata 31
Tramezzini con uova e cetriolo 36

W
Weißbrot (Grundrezept) 7

Z
Ziegenkäse: Bruschette alla rucola con caprino 13

Zucchini
    Bruschette agli zucchini marinati 10
    Panini vegetariani 59
    Toast al formaggio 73
    Tramezzini alla crema di prosciutto 40

Zwiebeln
    Crostini con cipolle 69
    Crostini gratinati con cipolle e speck 65
    Tramezzini alle cipolle grigliate 40

© 2000 Gräfe und Unzer Verlag GmbH, München.
Alle Rechte vorbehalten. Nachdruck, auch auszugsweise, sowie Verbreitung durch Film, Funk und Fernsehen, durch foto-mechanische Wiedergabe, Tonträger und Datenverarbeitungssysteme jeder Art nur mit schriftlicher Genehmigung des Verlages.

Redaktion: Christine Wehling
Lektorat: Adelheid Schmidt-Thomé
Layout und Typographie: Carsten Tschirner
Umschlaggestaltung: Claudia Fillman, independent Medien-Design
Fotos: H.-J. Beckers
Foodstyling: Stephan Fladung
Herstellung: Renate Hutt
Satz: Filmsatz Schröter, München
Reproduktion: Penta Repro
Druck: Appl, Wemding
Bindung: Großbuchbinderei Monheim

Cornelia Schinharl
Sie lebt in der Nähe von München und studierte zunächst Sprachen, bevor sie sich dem Bereich Ernährung zuwandte. Nach der fundierten Ausbildung bei einer bekannten Food-Journalistin und einem Praktikum bei einem großen Hamburger Verlag machte sie sich 1985 als Redakteurin und Autorin selbständig. Es sind seither zahlreiche Bücher von ihr erschienen.

Heinz-Josef Beckers studierte an der Universität Essen GH (Folkwang) Kommunikations-Design. Food-, Stilleb- und experimentelle Fotografie zählen ebenso zu seinem Tätigkeitsfeld wie die konzeptionelle und grafische Arbeit.

ISBN 3-7742-1676-2

Auflage	5.	4.	3.	2.	1.
Jahr	04	03	02	01	00

Das Original mit Garantie

Ihre Meinung ist uns wichtig. Deshalb möchten wir Ihre Kritik, gerne aber auch Ihr Lob erfahren. Um als führender Ratgeberverlag für Sie noch besser zu werden. Darum: schreiben Sie uns! Wir freuen uns auf Ihre Post und wünschen Ihnen viel Spaß mit Ihrem GU-Ratgeber.

Unsere Garantie: Sollte ein GU-Ratgeber einmal einen Fehler enthalten, schicken Sie uns das Buch mit einem kleinen Hinweis und der Quittung innerhalb von sechs Monaten nach dem Kauf zurück. Wir tauschen Ihnen den GU-Ratgeber gegen einen anderen zum gleichen oder ähnlichen Thema um.

Ihr Gräfe und Unzer Verlag
Redaktion Kochen
Postfach 860325
81630 München
Fax: 089/41981-113
e-mail:
leserservice@graefe-und-unzer.de

LUST AUF
den leichten und trendigen Genuss

ISBN 3-7742-1488-3
80 Seiten
DM 19,80 • ÖS 145,00
SFR 19,00

ISBN 3-7742-1676-2
80 Seiten
DM 19,80 • ÖS 145,00
SFR 19,00

ISBN 3-7742-3596-1
80 Seiten
DM 19,80 • ÖS 145,00
SFR 19,00

ISBN 3-7742-1171-x
96 Seiten
DM 19,80 • ÖS 145,00
SFR 19,00

Die modernen Kochbücher mit den Trendthemen für die Küche: quadratisch, praktisch, gut.

WEITERE LIEFERBARE TITEL:

- ➤ Kürbis, Mangold & Co. – Neue Rezepte für alte Gemüse
- ➤ Pizza, Pasta, Pomodoro – Vegetarisch durch Italiens Küchen
- ➤ Vegetarisches aus dem Wok

Gutgemacht. Gutgelaunt.